R7
5

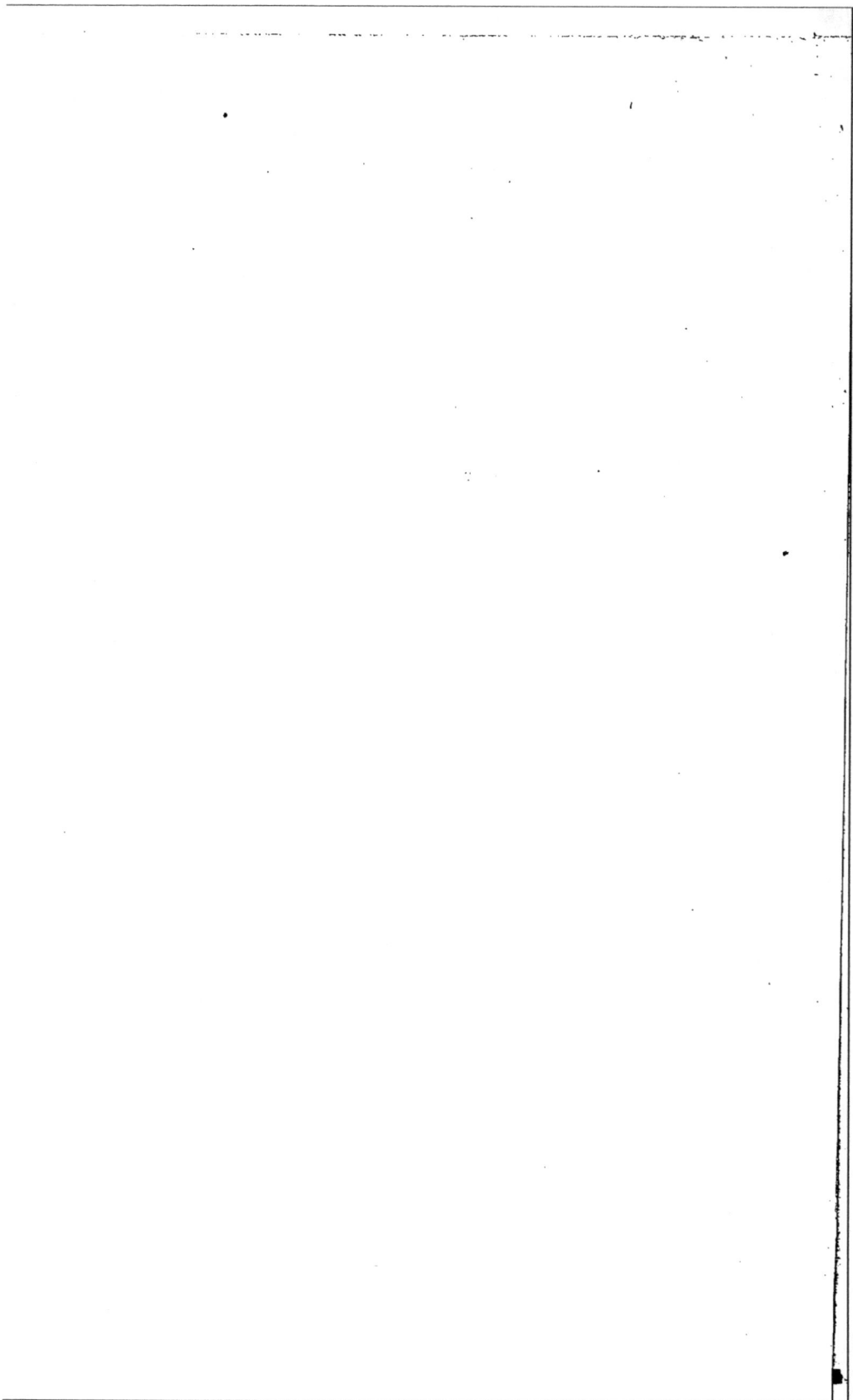

SAINT-ÉTIENNE

ANCIEN ET MODERNE.

APERÇU

SUR L'HISTOIRE

DE LA VILLE DE Sᵀ-ÉTIENNE,

PAR

ISIDORE HEDDE,

MEMBRE DES SOCIÉTÉS INDUSTRIELLES DE SAINT-ÉTIENNE, MULHOUSE,
DES SOCIÉTÉS D'AGRICULTURE DU PUY, MENDE, ETC.

SAINT-ETIENNE,
TYP. DE F. GONIN, 4, RUE DU MARCHÉ.
1840.

PLAN
de St ETIENNE
1841

Légende

Légende

APERÇU
SUR L'HISTOIRE
DE LA VILLE DE SAINT-ETIENNE.

Salut ! riche cité, fille de l'industrie,
Des metiers et des arts, florissante patrie !
Des siècles écoulés, l'aveugle admirateur,
Ne trouvant sur ton sol, fécond par ton labeur,
Ni temple ruiné, ni palais, ni portique,
Preuve d'une origine illustre ou chimérique,
Sans doute ne verra qu'avec un froid dédain,
Les monumens nouveaux élevés dans ton sein !

Ph. Foucaux.

PREMIÈRE PARTIE.

Il n'est pas en France de ville un peu importante qui ne possède son histoire particulière. Saint-
Etienne n'est pas aussi favorisé. Celui qui veut connaître l'origine de cette cité est obligé de recourir à
plusieurs ouvrages différens, et encore n'acquiert-
il qu'une idée imparfaite de ses progrès et de son
développement. Il existe cependant beaucoup de
documens sur cette localité, mais personne encore
n'a tenté de les rassembler et de les publier en un
seul corps d'ouvrage qui les coordonne et les classe
dans un ordre méthodique. Il est vrai qu'il n'est
pas facile de se procurer les matériaux divers dispersés çà et là, de rendre intéressante une histoire
dont les temps primitifs offrent peu de faits remarquables, et d'exciter la curiosité des habitans peu
disposés à s'occuper d'ouvrages de ce genre.

Toutefois, le goût des chroniques provinciales

commence à se répandre. Chaque contrée aspire à préserver les siennes de l'oubli ; mais si de toutes parts se manifeste un grand mouvement pour la recherche des temps passés , si l'on creuse patiemment le sol historique de la vieille France, ici, les vieux parchemins gissent dans la poussière ; le peu de monumens anciens restent oubliés; aucune source n'est explorée. D'où vient cette indifférence ? C'est qu'on n'attache pas à l'histoire locale toute l'importance qu'elle mérite; on ne cherche pas assez à développer chez les jeunes gens le beau sentiment de l'amour de la patrie.

Nos aïeux étaient plus attachés au pays. Ils avaient moins de livres, mais plus de traditions. Les souvenirs de la famille, ceux de la cité se conservaient religieusement dans leur mémoire. Chaque chef de maison était un vrai patriarche dont on ne retrouve plus le type.

Maintenant il semble que le pays nous pèse. On dirait que l'on ne prise plus ni son intérêt, ni sa gloire. Un homme a-t-il acquis une certaine fortune ? aussitôt il s'empresse de la porter ailleurs. Un autre a-t-il rendu quelque service à ses concitoyens, et peut-il encore leur être utile ? on ne fait nul effort pour l'encourager et pour l'attacher à la cité. De nouveaux quartiers sont-ils ouverts ? on pourrait leur donner le nom des hommes qui se sont illustrés par leurs vertus ou leur dévouement à la chose publique , afin de transmettre à la postérité le souvenir de leurs bonnes œuvres et stimuler le zèle de leurs successeurs. Au contraire, la connaissance du passé peu répandue ne réveille aucun sentiment patriotique : on se dirige par les inspirations fugitives du moment ([1]).

L'origine de cette ville est digne d'être éclaircie. Saint-Etienne, naguères un village, est devenu une grande cité. Resserrée entre plusieurs échelons de montagnes, elle ne doit pas à la beauté du site, ni à la faveur des grands, son accroissement et sa prospérité. Sous un climat âpre et variable, le sol est naturellement ingrat. Sa campagne est dépouillée; une rivière, quelquefois impétueuse, le plus souvent ruisseau fangeux, lui fournit à peine l'eau nécessaire à ses besoins. La fumée que le charbon exhale répand une odeur désagréable et même pernicieuse à certaines personnes. Mais sa position topographique n'en est pas moins extrêmement avantageuse. Située ([2]) entre deux fleuves naviga-

([1]) Il existait à Saint-Etienne une place dont le nom se rattachait aux premiers temps de cette ville : c'était celle du *Pré de la Foire*. Les diverses phases de la révolution lui ont fait donner successivement les noms de place de la Liberté, de Grande-Place et de place Royale. Pourquoi ne pas lui restituer son titre primitif. On a été plus juste, quoique l'on eût pu faire mieux encore, lorsque l'on a donné le nom de rue Praire à celle établie sur un terrain donné, à la ville, par l'un de ses plus habiles administrateurs dont la mémoire est en vénération. Ne serait-il pas digne de la reconnaissance publique de donner le nom de Colombet à l'une des rues voisines de l'hospice de charité dont ce respectable curé fut le principal fondateur ?

([2]) Au 45° 26' 9" de latitude Nord, et 2° 3' 20" de longitude Est de

bles, elle peut communiquer avec le Nord par la
Loire, avec le Midi par le Rhône. Sa richesse miné-
rale et la prodigieuse activité de ses habitans lui ont
fait prendre un des premiers rangs parmi les villes
manufacturières de France. Le concours des étrangers accroît chaque jour sa population et modifie le
caractère primitif des habitans. Sa physionomie locale prend aussi un nouvel aspect. Les alentours
de la ville se décorent de plantations et de maisons
de campagne. L'intérieur s'embellit de travaux
d'art, de belles constructions qui sont le fruit de
l'économie publique et particulière ; de nombreux
obélisques fumans annoncent au loin que la terre
est fouillée jusques dans ses entrailles ; mais l'air
est sain, et n'est-ce pas à cette fumée si incommode
aux étrangers que les habitans doivent peut-être
l'excellente constitution dont ils jouissent, la santé,
le premier de tous les biens (¹)? des établissemens
où se prépare la fonte, où se forgent et s'étirent le
fer et l'acier, s'élèvent et prospèrent ; des usines

Paris. Suivant l'Annuaire du Bureau des Longitudes, pour 1859, Saint-
Etienne (sommet du clocher de l'église de l'hôpital) est élevé à 568 mètres au dessus du niveau de la mer.

(¹) Les seules maladies endémiques qui existent à Saint-Etienne, dit
Alléon-Dulac, sont l'asthme et le rachitis. Les maladies cutanées n'y
sont pas aussi communes que la malpropreté apparente du peuple devrait
le faire croire. Les fièvres véritablement malignes y sont très-rares. A
peine y peut-on compter, dans le cours d'un siècle, une maladie épidé-
mique. Est-ce aux qualités de l'air, à l'élévation de la contrée ou aux
exhalaisons du charbon que nous en sommes redevables ?

où se forent les canons, où s'apprête la soie, bordent la rivière de Furan ; des fabriques de rubans peuplent d'autres quartiers moins exposés au feu et à la fumée ; des rails-ways établis sur les lignes principales rapprochent les distances, et bientôt un canal, à moitié fait, va porter les produits de Saint-Etienne à l'Océan et à la Méditerranée.

Il est à remarquer que c'est auprès du combustible que se groupent toujours les grands foyers de fabrication (1). C'est là que se sont agglomérés, chez une nation voisine, les usines et les manufactures de Manchester, de Birmingham, de Leeds, de Sheffield, de Glascow. C'est auprès de ce précieux minéral que nous verrons en France surgir les grandes villes industrielles. C'est à Alais, à Anzin, à Valenciennes et autres lieux rapprochés, comme Saint-Etienne, des gissemens houillers, que l'on doit voir un jour les plus grands efforts de l'industrie manufacturière. D'autre part, on s'aperçoit que des villes jadis puissantes perdent chaque jour de leur importance. L'industrie émigre et va s'implanter sur la houille (2).

L'histoire du développement d'une ville comme Saint-Etienne mérite d'être connue. Ce ne doit pas être un simple tableau de dates, de faits ou de descriptions locales ; elle doit fournir des renseigne-

(1) Nouvelle Statistique de l'empire britannique.
(2) Il est question en ce moment d'élever une fabrique de faux à Saint-Etienne, sur des élémens fournis par la ville de Toulouse.

mens sur les mœurs, les coutumes, le génie, l'esprit religieux et politique des habitans, sur les progrès des arts, du commerce et de l'industrie.

Quelque pauvre que St-Etienne soit en écrivains, cette ville a cependant possédé un assez grand nombre de chroniqueurs qui ont recueilli beaucoup de matériaux et laissé des mémoires pour servir à l'histoire de la localité, mais peu d'entr'eux ont pu se faire jour à travers la barbarie des siècles. Que de manuscrits, émanés de la plume de ces Bénédictins qui présidèrent au berceau de Saint-Etienne, furent anéantis par les odieux compagnons du baron des Adrets! que de chartes, que de documens seigneuriaux et religieux furent brûlés plus tard par les séides de Javogues ! car ce fut presque toujours aux hommes instruits et religieux que nous dûmes le peu de faits qui ont traversé l'obscurité des temps. C'est, au contraire, au fanatisme et à l'ignorance que l'on peut reprocher la destruction de nos chroniques, la désolation de nos cités.

Un administrateur éclairé qui a écrit une notice historique et statistique sur la ville de Saint-Etienne, avait eu l'heureuse idée de former une bibliothèque publique destinée à contenir non-seulement tous les ouvrages nécessaires pour l'instruction publique, mais encore ceux qui concernent spécialement la localité; malheureusement cette institution n'a pas eu tout le développement nécessaire. On n'y voit aucune copie des nombreux ma-

nuscrits sur l'histoire locale, qui existent dans beaucoup de bibliothèques particulières, pas même ceux
de Delamure (¹) et d'Alléon-Dulac (²), déjà signalés
depuis long-temps et qui ne sont pas encore connus dans cette ville.

Si l'on avait eu soin de siècle en siècle de recueillir et de publier tous les anciens manuscrits, nul
doute qu'il serait facile aujourd'hui de reconnaître
la trace des temps primitifs de cette cité. On ne
serait pas réduit maintenant à de simples conjectu-
res sur l'origine de cette ville, à douter de faits
qui paraissent peu en rapport avec la physionomie
moderne des lieux. On sait combien il faut se défier des traditions anciennes et des écrivains du
moyen-âge.

Saint-Etienne ne remonte pas à une haute anti-
quité. Il est peu probable qu'il existât sous les Romains et les Gaulois, au lieu où il est aujourd'hui
situé, une population particulière livrée à l'extraction de la houille et au travail du fer. Un point
aussi important n'est signalé ni dans les Commen-
taires de Jules-César, ni dans les autres écrivains
et géographes d'une époque plus rapprochée.
Il est vraisemblable que le nom de *Forum* appli-

(¹) Suite de l'Histoire du Forez, 2 vol. in-folio.

(²) Observations topographiques, physiques et critiques sur le climat,
les maladies, la population, les arts et le commerce de la ville de Saint-
Etienne en Forez, rédigées en forme de lettres, par Alléon-Dulac (inscrit au nécrologe des hommes Illustres de la ville de Lyon, mais que St-
Etienne peut revendiquer.)

qué à cette ville est emprunté à Feurs, l'antique cité ségusienne, *Forum Ségusianorum*, citée par Jules-César, Ptolémée et dans la carte dite de Putinger : le nom de *Furania* que lui donne Papire-Masson, et après lui, Delamure ([1]); celui de *Furanum*, mentionné dans tous les anciens actes, n'est applicable qu'à la rivière de Furan; quant à celui de *Gagates* ([2]), donné aux peuples qui étaient censés habiter ce territoire houiller et d'où l'on voudrait faire dériver le nom stéphanois de *Gagas*, c'est une dénomination avancée par Soleysel, qui n'est appuyée par aucun écrivain ancien.

Pour constater l'origine d'une ville, d'un peuple, le témoignage d'un seul historien ne suffit pas. Il faut la concordance des faits avec les documens authentiques de l'époque, il faut la confirmation des chroniques par quelques témoins muets qui sont toujours l'indice des villes antiques. Ainsi, les

([1]) Au nombre des ouvrages à consulter pour l'histoire de Saint-Etienne, on remarque la description des fleuves de la Gaule, par Papire-Masson, où, après avoir donné à Saint-Etienne le nom de *Furania*, il appelle du même nom une rivière de deux ou trois lieues de cours qu'il place auprès de la célèbre abbaye de Saint-Antoine de Vienne en Dauphiné; une narration historique et topographique des couvens de l'ordre de St-François et des monastères de Sainte-Claire, par Fodéré; l'histoire universelle, civile et ecclésiastique du pays de Forez, par Delamure, l'écrivain du Forez le plus fécond; les masures de l'Ile-Barbe, par le Laboureur, ouvrage plein de renseignemens sur les familles de cette contrée.

([2]) *Gagates*, en grec, en latin et en allemand, signifie : agathe, pierre précieuse, ou jais, bitume fossile très-noir et solide. *(Calp. Dict.)*

actes civils et religieux de cette contrée, et ce sont, avec les ruines de nos vieux castels, les principaux monumens du moyen-âge, comprennent entr'autres un traité d'échange (*Baluz. Cap.*) de l'an 844, où il est question d'*Argentaus*, Argental ainsi nommé, dit l'abbé Seytre, à cause des richesses métalliques de son territoire ; une charte de la même époque (*Henri, t. I.*), où l'on fait mention de *Montecarmelito*, *Iserone*, *Suriaco*, Monchal, Iseron, Sury (1) ; une autre charte de Conrad le Pacifique, en 971, citée par le Laboureur qui mentionne *Occiacum* depuis Saint-Rambert, Saint-Martin-de-Firminy et autres lieux du Forez, dont l'existence, dès cette époque, devient incontestable.

Dubouchet, au rapport d'Auguste Bernard, cite une charte de 977, dans laquelle on voit que Humphroi, fils de Giraud 1er, comte de Forez, portait le titre de comte de Saint-Annemond (Saint-Chamond). Le Laboureur en cite une autre de 1151, qui concerne l'engagement pris par le seigneur de Villars pour la terre et le château de Rochetaillée ; mais la plus importante de toutes est celle de 1173, qui est l'arrangement définitif entre l'archevêque de Lyon et le comte de Forez pour la fixation des limites de leurs territoires respectifs. Là, il est question de Saint-Priest, de Saint-Héand, de Chevrières, de Grammont, de Feugeroles, de Sorbiers, de

---

(1) Essai chronologique et historique sur le Lyonnais et le Forez, par M. Pourret des Gauds.

Saint-Jean-de-Bonnefond, de Saint-Genest, de Fontanès, de Saint-Victor, de Malleval, de Grandjean, de Roche-la-Molière, de la Tour-en-Jarêt et d'autres lieux du Forez, mais nullement de Saint-Etienne, qui était alors une dépendance de la terre de Saint-Priest. La charte la plus ancienne qui en fasse mention, est celle de Guy II, comte de Forez, en 1195, pour l'abbaye de Valbenoîte, où il est question d'un champ de l'Orme, situé dans la paroisse de Saint-Etienne-de-Furan, près de la Grange-de-Beus; dans tous les titres suivans, c'est toujours *Parochia, Oppidum* ou *villa Santi-Stephani-de-Furano, de Furanis* ou *Furaniæ*, mais jamais *Furania* ou *urbs Furania*. Dailleurs, aucune médaille, aucune inscription, aucun vestige de ruine antique, aucun débris quelconque ne confirme l'existence d'une ville ainsi nommée et à la place où Saint-Etienne est actuellement ([1]).

Mais si l'on doit puiser avec la plus grande circonspection dans les manuscrits qui traitent de l'origine de Saint-Etienne, il ne faut pas non plus tomber dans un excès contraire et vouloir rejeter

([1]) Sectus-Aurelius Victor, écrivain latin du 4e siècle, et qui a fait l'abrégé de l'Histoire Romaine depuis Auguste jusqu'à Julien, suivant Georges du Clapier, cité par Soleysel, mentionnerait *Furania* comme une des quarante villes des Gaules les plus imposées. Les recherches faites à ce sujet n'ont amené aucune nouvelle lumière; mais supposant l'exactitude de la citation, il resterait encore à s'assurer si cette ville est bien la même citée plus tard par Papire-Masson, et à rechercher les témoins muets de cette grandeur passée, afin de constater son antique position.

tout ce qui ne porte pas un cachet incontestable. Personne ne peut révoquer en doute le séjour des Gaulois, le passage des Romains dans la contrée habitée par les Ségusiens, et principalement près de la partie que nous en occupons. Les marchés importans qui se tenaient à Feurs et Fourvière, le voisinage de deux grands fleuves navigables, devaient amener un grand concours d'habitans; d'ailleurs, il est hors de doute que les successeurs de Jules-César ne soient venus explorer les sources du Gier, du Janon et du Furan. Les vestiges d'aquéducs formant la tête de ceux de Chaponnost et de Bonnand, se découvrent encore près d'Izieu et de Chagnon; les noms romains que conservent différens endroits du Forez, tels que Julieu, Marcou, Marcilly, Virieu, etc.; le pont de Saint-Just, suivant Delamure, le premier construit sur la Loire et dont quelques piles étaient encore debout de son temps ([1]), celui de St-Galmier, encore intact ([2]), les nombreux monumens découverts dans plusieurs endroits du Forez, les débris de tuiles, de poteries romaines que l'on rencontre sur quelques points

([1]) M. l'abbé Sauzéas pense que ce point fut détruit en 1570, lors des guerres religieuses, par ordre de Catherine de Médicis. (Voyez l'Histoire de France de Mizerai.)

([2]) La construction de ces deux ponts par les Romains est encore contestable, bien qu'elle soit mise hors de doute par plusieurs écrivains de nos contrées. Il est étonnant que l'on ne retrouve auprès aucuns vestiges de voies romaines toujours si remarquables dans les lieux où ces peuples ont séjourné.

dans la plaine, tout annonce que là était un peuple civilisé et commerçant.

Il est donc bien important d'examiner avec attention tous les documens qui restent, de les comparer, de faire, s'il est possible, de nouvelles recherches, afin de découvrir la vérité. Une seule inscription, quelques médailles ou pièces de monnaie antiques, de vieux parchemins oubliés, peuvent jeter un grand jour sur les anciens temps *Furaniens*.

Le seul écrivain qui traite particulièrement de l'histoire primitive de cette cité, est le frère du célèbre écuyer, auteur du *Parfait Maréchal*, Soleysel, seigneur du Clapier, aumônier et prédicateur du roi, qui fit, en 1691, un Mémoire sur Saint-Etienne, dont il avait puisé les matériaux dans Georges du Clapier. Celui-ci avait lui-même publié, dès 1420, une notice briève et chronographique sur *Furania*, traduite en grande partie d'un manuscrit latin; malheureusement elle n'est point parvenue jusqu'à nous. Il en sera de même un jour, si l'on n'y prend garde, du manuscrit de Soleysel, qui n'est en ce moment dans les mains que d'une seule personne (¹).

D'autres historiens se sont occupés, mais en passant, de notre contrée, ils n'ont présenté le plus

(¹) C'est ainsi que s'éteignent les lumières qui pouvaient rejaillir sur les premiers temps de Saint-Etienne. D'abord entre les mains d'un petit nombre de personnes, ces manuscrits finissent par s'égarer et se perdre. Tel fut le sort de ceux de Beraud, cités par Delamure; de Laurent Bajolin, de Réal, de Toulon, cités par Beneyton, et de tant d'autres dont

souvent que des faits sans preuves, des allégations
sans fondement.

En résumant ce que les uns et les autres ont dit,
voici quelle serait l'origine de Saint-Etienne :

Long-temps avant l'arrivée des Romains dans
les Gaules, il existait, sur les bords du Furan, une
peuplade qui ne vivait que du produit de ses terres
et de ses troupeaux, mais exposée chaque jour aux
attaques de brigands, qui avaient leur retraite dans
les montagnes couvertes de forêts, depuis appelées
le *Bois-Noir* et le *Grand-Bois*.

Ces Gaulois, groupés dans une vallée étroite,
étaient, dit Soleysel, simples, laborieux et hospitaliers; ils détestaient le mensonge et avaient
l'ingratitude en horreur. Scrupuleux observateurs
du culte des Druïdes dans le principe, ils firent
plus tard un mélange de leurs antiques cérémonies
avec celles des Romains. Ils avaient le gui de chêne
en grande vénération, et cette pratique était tellement générale et s'est conservée au point que, même encore, dit Guillaume Paradin, dans certaines
provinces de France, les enfans vont, au commencement de l'année, frapper aux portes en criant:
au gui, l'an neuf. Puis ils adorèrent Mercure comme l'inventeur des arts de leur contrée et le protec-

les noms n'ont pas même été conservés. Je ne puis m'empêcher de rendre
ici un tribut d'éloges à Me Courbon, avoué, pour le zèle qu'il déploie à
conserver toutes les pièces précieuses qui concernent la localité. Je lui
dois beaucoup d'avoir mis à ma disposition toutes ses richesses manus-
crites et autres.

teur de leur commerce ; le Soleil, dieu de la lumière, en l'honneur duquel un monument était élevé au lieu où est actuellement la Tour-en-Jarêt (¹); la Lune, reine de la nuit; Apollon, éloignant ou guérissant les maux; la déesse Ségusie, qui présidait aux récoltes, et Jupiter, maître des cieux. Ils eurent même, sur les bords du Furan, un temple dédié à ce dieu tout puissant, au pied de la statue duquel étaient Vulcain et Bacchus, l'un sans doute symbole des travaux des habitans, et l'autre, gardien des liqueurs que les Romains leur avaient fait connaître.

A l'entrée de Jules-César dans les Gaules, 56 ans avant l'ère chrétienne, les Romains s'établirent sur l'emplacement où aujourd'hui est assis Saint-Etienne. Ils firent construire un château sur la co-

---

(¹) Ce monument, actuellement détruit, était une petite pyramide de granit, élevée sur le haut de l'ancien château du village de Latour, de 65 centimètres (2 pieds) de hauteur, sur 32 centimètres d'épaisseur à la base; à l'extrémité de la pointe paraissait une ouverture assez profonde, et sur les quatre flancs ou soubassemens du piédestal, se voyait en relief la figure du soleil, couronné et environné de rayons. H. Dulac de la Tour-d'Aurec, dans son *Précis historique et statistique du département de la Loire*, Duplessy, dans son *Essai Statistique*, et Aug. Bernard, dans son *Histoire du Forez*, tous trois adoptant l'opinion de Delamure et des chroniqueurs stéphanois, regardent ce monument comme un phare élevé au soleil par les Gaulois.

N'ayant pas le monument sous les yeux, il n'est guère possible d'émettre une opinion raisonnable. Mais si j'osais, comme ont fait nos prédécesseurs, faire une supposition, je dirais qu'il ne me paraît guère probable qu'un monument pareil eût pu se conserver depuis les Gaulois. D'ailleurs, ne pourrait-ce pas être un gnomon du moyen-âge ?

line, depuis appelée le Mont-d'Or, et donnèrent
à ce lieu le nom de *Forum*, d'où est dérivé Furan (¹). Labiénus y fit cantonner une légion de
vétérans pour protéger les habitans et l'industrie,
et construire une forteresse à Rochetaillée. Un ancien historien, au rapport de Delamure, ajoute que
les Romains, pour faciliter les communications entre Toulouse et la colonie de Lyon, firent établir
un pont sur la Loire, qui est celui dont on remarquait jadis quelques vestiges en face de St-Rambert.

La publication de l'Évangile et la destruction du
culte des idoles par Saint-Julien et Saint-Victor,
eurent lieu vers les premiers siècles de notre ère :
on cite même une lettre écrite par Saint-Félix à
Saint-Ferréol, pour l'engager à venir prêcher à
Furan, lettre qui, suivant un de nos chroniqueurs
modernes (²), serait le plus ancien titre historique

(¹) Cette étymologie est peu fondée, quoiqu'elle soit donnée par des
autorités respectables, telles que Ménétrier, le père Fodéré et d'autres
historiens. Le mot latin *Furens*, d'où est sans doute tiré le nom d'une
rivière qui se jette dans le Rhône à peu de distance de Belley, et celui
d'une autre de même nom qui se joint à l'Isère au dessus de Romans,
cette dernière, sans doute, la même que Papire-Masson appelle *Furania*,
remplit mieux cet objet, bien qu'il y ait en France des torrens plus furieux et plus dangereux au moment des inondations. Je n'en ai pas moins
conservé l'ancienne orthographe de *Furan*.

(²) M. Sauzéas, ancien Bénédictin, qui, outre les documens nombreux qu'il a rassemblés sur les temps anciens, a décrit les événemens
qui se sont passés sous ses yeux. Cet homme vénérable a toute sa vie fait
des efforts pour répandre le goût de l'histoire locale. Il n'est pas un de
ses élèves qui n'ait recueilli de lui une analyse des temps primitifs de
Saint-Étienne d'après le manuscrit de Soleysel.

de notre cité; malheureusement son authenticité n'a d'autre garantie que le témoignage de Soleysel ([1]).

En suivant les mêmes sources, on trouve le séjour des Goths, successeurs des Romains, qui plantèrent des moulins à vent sur la colline de Sainte-Barbe, et laissèrent leur nom attaché à un quartier de la ville, l'édification de l'église sous le vocable de Saint-Laurent par les rois Childebert et Clothaire, sa construction par des architectes goths, son parachèvement par le roi Dagobert; l'invasion des Sarrazins qui dévastèrent le bourg de Furan, démolirent le vieux château romain, et firent une caserne de l'église et d'un couvent voisin de Bénédictins ([2]).

([1]) Un écrivain contemporain, au zèle et au talent duquel on doit d'ailleurs rendre justice, critique beaucoup cette pièce dont la date, telle qu'elle est rapportée dans la *Revue de Saint-Etienne*, est évidemment inexacte. Il est facile de s'apercevoir qu'il y a eu erreur de copie ou d'impression. Que cette lettre soit du 2e siècle, et tout est expliqué. En effet, il a existé sous l'empereur Sévère, pendant que Saint-Victor était pape à Rome, deux Saints, disciples de Saint-Irénée, archevêque de Lyon, et portant les noms de Saint-Félix et Saint-Ferréol. L'un fut martyr à Vienne et l'autre à Besançon, l'an 211 ou 212. Voyez la Vie des Saints, par l'abbé Godescard, aux dates 23 avril et 16 juin.

([2]) Il est facile de reconnaître que l'inscription qui est placée sur le fronton de l'église de Saint-Etienne et dont la rédaction est attribuée à MM. Desheures et Clément, a été en partie formée d'après les matériaux puisés dans Soleysel, mais complètement tirée du manuscrit de M. l'abbé Sauzéas. Cette inscription laisse quelque chose à désirer du côté de la fidélité historique; car comment prouver l'érection d'un temple au 6 ou 7me siècle, quand son architecture démontre le style du 11e ou 12e siècle au moins. Les auteurs auraient pu, ce me semble, indiquer la source de leurs renseignemens, et substituer ou ajouter le mot *dirutum* à celui de

Il serait à désirer qu'on pût trouver quelque monument pour constater l'enchaînement de ces faits; il ne nous reste plus que le témoignage de Soleysel. Ce qu'il y a de positif, c'est que dès le commencement du 6ᵉ siècle, cette contrée, du joug des Romains, avait passé sous celui des Bourguignons Vandales, dont le souverain, Gondebaut, au rapport de Sidoine-Appollinaire, résidait à Lyon, et dota le pays d'une institution remarquable, dite la loi *Gombette*; puis la contrée passa sous la puissance des fils de Clovis.

Le Forez devint alors une partie distincte du Lyonnais et prit son nom de Feurs, sa capitale; le plus ancien titre qui en fasse mention est la légende de Saint-Porçaire, rapportée par Delamure et qui est de 735, époque où, suivant Belleforest, les Sarrasins envahirent cette contrée.

profanatum, pour expliquer que l'église avait été profanée et détruite par les Sarrazins, puis reconstruite par Artaud; ce qui rendrait le fait historique plus vraisemblable. M. Auguste Bernard a donc eu quelque raison de critiquer cette inscription :

D. O. M.

ANNO SALUTIS DXXXXII A CHILDEBERTO CÆPTUM,

A DAGOBERTO ANNO DCXXX PERFECTUM,

A SARACENIS PROFANATUM,

AB ARTALDO PRIMO, FOREZII COMITE, RESTAURATUM,

A BARONIO (DES ADRETS) TURRI DIRUTA, DILAPIDATUM,

OMNIUM ZELO REPARATUM,

A FABRIS FERRARIIS OCCUPATUM,

MOX VERO DEO RESTITUTUM,

PER ANTIQUUM ILLUD PROTO MARTYRIS TEMPLUM,

NOMEN DEDIT URBI.

Après Charlemagne, la nation, composée de peuples de différentes origines, mal unis par une législation étrangère, à peine retenus par la doctrine chrétienne que la plupart ne comprenait pas, se divisa en différens partis. Les seigneurs féodaux morcelèrent le territoire en une foule de principautés distinctes les unes des autres. La féodalité s'implanta sur la monarchie. C'est là l'origine des comtes du Forez de la première race, qui, de simples gouverneurs de province, se rendirent indépendans en s'arrogeant un fief héréditaire. C'est vers la fin du 8e siècle que Guillaume Ier, gouverneur du territoire Lyonnais qui est entre la Saône et la Loire, voyant la faiblesse et l'éloignement de ses souverains, s'établit insensiblement, et au lieu de résider à Lyon qui était une grande ville, et le passage ordinaire des princes qui allaient en Italie, il fixa son séjour dans l'intérieur du Forez, engagé dans les montagnes et éloigné des grandes communications ([1]).

Nous arrivons à une époque où les ténèbres commencent à se dissiper : les écrivains sont plus nombreux, les faits sont plus appréciables. Malgré les ravages des guerres civiles, les vandalismes révolutionnaires, nous possédons encore un certain nombre de mémoires qui peuvent servir utilement à faire l'histoire de la localité.

([1]) Histoire consulaire de la ville de Lyon, par Ménétrier.

S'inquiétant fort peu de l'obscurité qui règne sur l'origine de Saint-Etienne, nos chroniqueurs modernes arrêtent leurs regards sur l'existence d'une petite église dédiée à Saint-Laurent et puis à Saint-Etienne, élevée vers la fin du 10e siècle, sur les bords du Furan, et autour de laquelle se sont groupées quelques maisons d'ouvriers, attirés sans doute par le voisinage du combustible, la facilité des secours religieux et la protection qu'ils reçoivent d'un château construit par les comtes du Forez sur le penchant du coteau appelé *Sainte-Barbe*. Des religieux bénédictins desservent ce temple qui est plus tard érigé en paroisse. Il n'en est fait mention qu'en 1195. (*Gallia Christiana, tom. IV*.) D'ailleurs, le premier curé de Saint-Etienne connu, est M. Denis Colomb qui vivait en 1296.

La souveraineté de cette contrée, qui est entre la Saône et la Loire, avait passé des rois de France à ceux de la Bourgogne-Transjurane, puis de ceux-ci était retournée aux monarques français. Guy II, comte des Foréziens, après de nombreux débats avec l'archevêque de Lyon, en avait rendu hommage à Louis-le-Jeune, roi de France, et celui-ci, en récompense, lui avait cédé pour les tenir en augmentation de fief, les droits qu'il possédait sur Saint-Priest, Latour-en-Jarest et autres châteaux du Forez. (Duchesne. Hist. de France.)

Le territoire houiller est à peine fouillé dans une partie de son étendue. Saint-Chamond existait depuis long-temps. Une église élevée en l'honneur d'un évêque de Lyon, du 7e siècle, avait déterminé son nom. Les anciens titres l'appellent *Oppidum Sancti-Annemundi*, d'où, par corruption, est dérivé *Saint-Chamond*. Cette ville n'avait d'autre importance que celle qu'elle tirait du château de ses seigneurs, qui prirent le titre de premiers barons du Lyonnais, et du concours des fidèles qu'y attirait sa chapelle révérée. Saint-Chamond, placé au centre du territoire houiller, n'avait encore aucune espèce de commerce. *Rive-de-Gier* n'existait que vers le commencement du 13e siècle, puisque l'historien Severt rapporte que l'archevêque de Lyon, Renaud de Forez, fit fossoyer et entourer cette ville de murailles; mais il n'est pas encore question de son industrie (¹).

L'extraction de la houille, à Saint-Etienne et à Firminy, se borne à la superficie et pour les seuls besoins de la localité. Ces travaux ont acquis néanmoins une certaine importance, puisque dans les terriers de Roche-la-Molière nous trouvons que les seigneurs de ce château s'étaient arrogés un cens sur toutes les carrières et minières exis-

(¹) M. Laurent, dans une notice historique qu'il vient de publier, sur la découverte de la houille à *Rive-de-Gier*, rapporte qu'on trouve des traités entre particuliers annonçant qu'on s'occupait de l'extraction de la houille dans le 15e siècle, mais qu'elle était restreinte à la consommation locale, c'est-à-dire, pour l'usage des forgerons et le chauffage d'une population d'environ 1,200 ames.

tantes dans toute l'étendue de leur terre, cens qui était de la moitié des charbons, à la charge par les seigneurs de payer la moitié des frais d'extraction, ou, s'ils le préféraient, du quart net, sans frais, du charbon extrait ([1]).

Les comtes de Jarest ne possédaient pas encore la seigneurie de Saint-Etienne ni le droit de patronage à la cure de cette paroisse. Ce fut Brian, premier du nom de Saint-Priest, qui en fit l'acquisition des chanoines et comtes de Lyon, en échange de la terre de Sainte-Foy-l'Argentière. Ce contrat est de 1355.

L'abbaye royale de Valbenoîte était déjà renommée. Fondée par Pons Durgel, elle vit cette famille pieuse, héritière des comtés de Jarest, venir déposer ses restes sous les dalles de sa Sainte Basilique. Lors des incursions des Anglais, elle obtint, en 1373, du roi Charles V, l'autorisation de se faire clore de tours et de fossés.

Montbrison n'avait pas encore le privilége de ville. Les seigneurs du Forez résidaient à Lyon, dans leur hôtel de Roanne ou dans leur château de Sury-le-Comtal. Le père Fodéré rapporte un titre du 28 septembre 1428, par lequel le bourg de Montbrison obtint le droit de se faire clore de murailles.

([1]) Le titre le plus ancien qui existe à cet égard est une transaction du 18 février 1321, entre Brian de Lavieu, seigneur de Roche, Grand-Vieux, écuyer, qui avait une censive dans l'enclave de cette terre, et Martin Chagnon, censitaire et emphytéote de Grand-Vieux. Cette pièce authentique, ainsi qu'un grand nombre d'autres de ce genre, se trouve entre les mains de M. Neyron de Saint-Julien, propriétaire actuel du château de Roche-la-Molière.

Saint-Etienne n'était également qu'un bourg, mais d'une certaine importance, puisqu'il était administré par des consuls qui donnaient des ordres pour la sûreté des habitans, nommaient aux divers offices et réglaient toutes les affaires de la communauté. Le titre le plus ancien qui en fasse mention est en date du 28 décembre 1410, c'est un contrat d'acquisition d'un terrain dit le Pré de la Foire. Ce n'est qu'en 1441, sous Charles VII, que St-Etienne obtint le privilége de ville et de se faire clore de murs. On peut facilement en saisir l'enceinte dans le quartier ancien appelé la Cité. Elle comptait environ 200 maisons et 1,500 habitans. Alors, sous la dépendance d'un seigneur, premier baron du Forez, et qui du château de Saint-Priest régnait au nom du roi, elle possédait un clergé nombreux et puissant, dont la constitution en société eût un titre primordial en 1475. La population toute ouvrière se livrait exclusivement au travail du fer, mais probablement elle n'était pas très-nombreuse, car, plus d'un siècle après, Papire-Masson n'y compte qu'environ 700 travailleurs. Les produits de cette industrie devaient être extrêmement grossiers, puisque même plus tard, quand on voulait en France désigner un objet défectueux, on disait : ouvrage de Forez ([1]). Le père Ménétrier présume que la fa-

([1]) Cet adage, que rapportent quelques chroniqueurs au détriment de la quincaillerie de Saint-Etienne, a besoin d'un correctif. Il est vrai qu'il s'y fabrique des articles à bas prix, mais la qualité n'en est pas

brication des armes et de la quincaillerie existait à
Lyon sous les Romains, et l'on peut ajouter avant
qu'elle fut connue dans cette contrée. Il cite une
inscription trouvée derrière l'église Saint-Jean qui
indique qu'il y avait de leur temps un intendant
des forges à Lyon : ATIO ALCIMO VE. PROC. FERRARUM.

Veterano procuratori.

1516. — L'époque de la renaissance s'annonce
dans nos contrées par l'établissement d'une fabrique d'armes à feu régulière. Déjà la Fouillouse possédait l'industrie des arbalettes, industrie particulière qui vint se fondre, dit Auguste Bernard, dans
celle générale des armes de Saint-Etienne. Le Lan-
guedocien, George Virgile, envoyé par François Ier,
trouve dans cette ville des ouvriers déjà habitués au
travail du fer, des grès propres à l'aiguisage des ou-
tils, de la houille excellente pour la forge. On fit
donc construire le long du Furan des usines pour la
fabrication des arquebuses à fourchette, mousquets
et armes à croc et pour toutes sortes d'objets de quincaillerie. Cette dernière industrie, qui comprenait
la serrurerie, la clouterie, la ferrure et la coutel-
lerie, prit dès-lors de l'accroissement. Postérieure-
ment on vit s'établir au Chambon une jurande pour

moins bonne. Ainsi, une serrure faite à la Ricamarie et qui reviendra à
1 franc la pièce, fermera aussi bien que les serrures fines de Picardie
et d'Angleterre. Le petit couteau à sifflet, dit *Eustache,* dont le prix ne
s'élève pas à cinq centimes la pièce, a une lame d'acier aussi bonne que
les meilleurs couteaux de Còne et de Langres. La perfection de la quincaillerie de Saint-Etienne n'est pas dans le fini du travail, c'est dans
l'établissement à bon marché.

la fabrication des couteaux à manches de corne ou de bois.

D'autres fabriques de quincaillerie s'établirent aux Rives, près de Valbenoîte, à Saint-Genest-Lerpt et à Saint-Bonnet-le-Château, dépendance de Montbrison, où nous suivrons plus tard les progrès de la serrurerie. C'est après cette époque, qui imprima un certain développement à Saint-Etienne, que se construisirent les belles maisons à colonnes, à festons, à médaillons et sculptures diverses, que l'on peut encore remarquer rue Saint-Marc, rue Roannel et à l'entour de l'église de Saint-Etienne. Malheureusement la pierre de nos pays, qui est le grès houiller, s'exfolie facilement, et les ornemens et les inscriptions se détruisent bien vite (¹).

La main-d'œuvre et les denrées étaient alors à bas prix, et par conséquent le numéraire peu

(¹) C'est à quoi il faut attribuer le peu d'inscriptions que nous possédons. Il n'en reste plus que quelques-unes du 16ᵉ siècle. L'abbé Chauve cite une date de 1542 avec ces mots : *Ornamentum urbis*, placée sur une chétive maison du quartier de la Boucherie, ce qui peut faire présumer qu'elle avait été transportée d'autre part. On en peut voir encore de 1549, de 1560, 1571, 1573, place Marquise, petite rue Mi-Carème, rue de Lyon. La seule date de 1619, qui est dans la chapelle qui touche la sacristie de l'église de Saint-Etienne, indique l'époque de la construction de cette chapelle. Quant aux divers écussons qui se trouvent dans l'intérieur de l'église et sur lesquels diverses personnes ont cru lire 1115, je crois que c'est simplement le monogramme de J.-H.-S., *Jésus, hominum salvator*. On m'a assuré que la date de la construction de l'église se trouvait derrière la boiserie de la chapelle de la Vierge.

abondant; ce qui le prouve, c'est le testament
de 1558, de messire noble Jean de Bourdon, seigneur de Saint-Victor-sur-Loire, de la Fouillouse
et Malleval, en faveur de l'hôpital établi quelques
années auparavant, par les frères saint-Laurent, dans
une maison rue de la Ville et qui servait en même
temps d'hôtel-de-ville, par lequel il lègue aux ma-
lades indigens 12 setiers de blé seigle, mesure de St-
Etienne, par an, à perpétuité, et ce durant que
le bichet de seigle (huitième du setier) excédera la
somme de 10 sous et non autrement. Le testateur
impose ce legs sur son domaine de Fissemagne, et
donne à chacune de ses deux filles 5,000 liv. pour
légitime.

1562. — Reportons notre vue sur la scène politique et religieuse. Les doctrines de Luther et Calvin
parcouraient alors l'Europe. Des graves abus, un
grand relâchement s'étaient glissés dans la discipline ecclésiastique. Les hérésiarques réussirent
promptement auprès des populations par la liberté
de leur langage et la nouveauté du dogme. D'ailleurs, la force des armes réduisait quelquefois ceux
que n'avait pas séduit l'éloquence des réformateurs.
Des bandes composées de religionnaires fanatiques
et d'hommes indisciplinés, parurent dans nos contrées à la suite des guerres sanglantes du Velay, at-
tirées sans doute par le désir de se procurer des armes, de se faire des partisans et de se venger de ce
que les principaux seigneurs du Forez avaient pris

parti contr'eux. Le capitaine Sarra, le cruel baron
des Adrets, l'amiral Coligny, vinrent chacun à leur
tour apporter dans cette contrée l'effroi et la désolation. Ils saccagèrent l'abbaye de Valbenoîte dont le
fort ne put tenir long-temps, mutilèrent les monumens religieux au nombre desquels on cite le joli
portail de l'église de Bourg-Argental, et se répandirent dans tout le Forez comme un torrent dévas-
tateur.

Voici comment on rapporte le passage du baron
des Adrets à St-Etienne. Après avoir ravagé Montbrison, Saint-Bonnet-le-Château et d'autres places
du Forez qui lui avaient résisté, le baron des Adrets
entra à Saint-Etienne dont les habitans n'avaient ni
l'envie, ni les moyens de se défendre. Il commença par faire abattre les croix, les statues des Saints
qui étaient devant les maisons, fit mettre en pièces
quantité de statuettes placées dans des niches et qui
décoraient la façade extérieure du portail de l'église
paroissiale. Il fit mettre le feu aux portes qui en
avaient été fermées et fit main-basse sur tout ce qu'il
put trouver, vases sacrés, ciboires, calices, osten-
soirs, argenterie, lampes, encensoirs, croix, chan-
deliers, etc., força les troncs de la fabrique qui ren-
fermaient les offrandes des fidèles, pilla les ornemens, les linges de l'église qu'il consacra à des usa-
ges profanes; mais ce qui fut plus regrettable pour
l'histoire, c'est qu'il enleva ou détruisit tous les papiers, titres, chartes, actes concernant l'église et la

société; il brisa ou brûla tout ce qu'il ne put emporter, images, tableaux, reliques, renversa les autels, les décorations intérieures, et fit servir l'église d'écurie à ses chevaux; l'histoire ne dit pas si les habitans furent pillés et persécutés. Il est probable que cela fut ainsi, et que le clergé surtout ne fut pas épargné, quoiqu'aucun historien ne l'ait positivement affirmé. A son départ de Saint-Etienne, le baron des Adrets, chargé du butin qu'il avait recueilli dans tout le Forez, tomba dans une embuscade dressée par le baron de Saint-Priest et le seigneur de Saint-Chamond, entre la montagne du Bessat et celle de Graix. Ayant perdu là le fruit de son expédition, ce chef huguenot fut obligé d'évacuer honteusement le Forez; mais auparavant il voulut laisser un dernier souvenir de sa cruauté et de sa vengeance. Il détruisit de fond en comble la petite ville de Saint-Julien-Molin-Molette.

A ces époques néfastes, il n'y avait pas de voix assez puissantes pour arrêter les excès qui se commettaient de chaque côté au nom de Dieu et du roi. Il n'y avait de pitié ni pour l'âge ni pour le sexe. Chacun à son tour exerçait les plus violentes représailles. Car si les Huguenots se livrèrent à de terribles excès, les Catholiques ne furent pas plus humains, et il y eut même des circonstances, j'ose à peine le dire, où ces derniers surpassèrent les premiers en barbarie : témoin ce seigneur de Saint-Chamond qui, suivant Jean de Serre, s'empare

d'Annonay pendant qu'elle est vide de défenseurs,
« espanche autant de sang humain que bon lui en
semble, la pille jusqu'aux serrures et y met le feu.»
Puis, y étant retourné quelque temps après, «promet aux habitans honnête composition, mais il viole
sa parole. Il fait massacrer ou brûler les uns, fait
précipiter les autres du haut de leurs tours et de
leurs maisons, vendre ceux-ci à l'encan, prostituer
les filles et les jeunes femmes, etc.» Témoin encore ce baron Jean de St-Priest qui, après s'être em-
paré du château de Saint-Pal-de-Mons par capitulation, dit le docteur Arnaud, viole également les
droits de la guerre, fait égorger la garnison dont il
ne réserve que six des principaux chefs, qu'il offre
en spectacle aux habitans de Saint-Etienne, sur la
place du Pré de la Foire, où ils furent inhumaine-
ment massacrés. Et il ne se trouva pas une seule voix
assez indépendante pour flétrir de tels attentats! pas
un ministre du Dieu de paix et de clémence qui es-
saya de protéger ces victimes du fanatisme religieux.
Malheureusement quelques hommes de cette époque avaient sans doute intérêt à la guerre civile, ils
l'encourageaient et poussaient aux horreurs qui se
commettaient. On peut juger par les discours du
curé de l'église de Saint-Etienne, Léonard Jaunier,
de la fougue et de l'emportement qui régnaient
alors. Néanmoins, cette cité n'eut pas autant à souf-
rir des guerres civiles et religieuses que d'autres
lieux du Forez, du Velay et du Gevaudan. L'église

Église de St Etienne

Maison place Grenette

LÉGENDE.

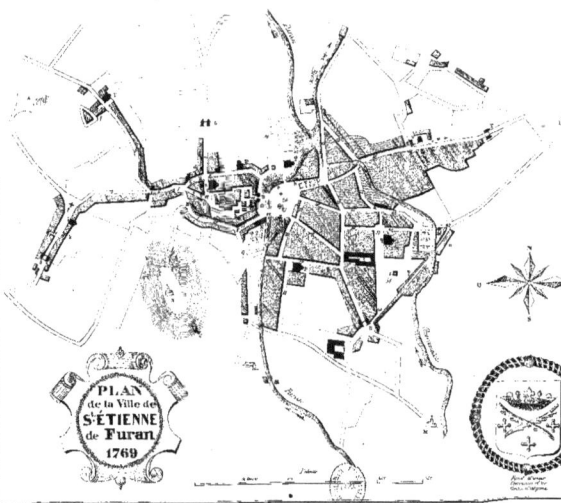

PLAN
de la Ville de
ST-ÉTIENNE
de Furan
1769

LÉGENDE.

de Saint-Etienne qui était alors l'unique de cette
ville eut seule, ainsi que le clergé, à souffrir de la
domination des hérétiques. La population toute
ouvrière fut probablement épargnée à cause du
besoin que chaque parti en avait. Les mémoires qui
traitent de cette époque de l'histoire locale, ne font
aucune mention du drame sanglant de la St-Bar-
thelemy; ils disent seulement qu'il existait alors
quelques religionnaires à Saint-Etienne, qu'ils
avaient un temple au bas de la rue Violette, mais
qu'ils en furent un jour violemment chassés.

1585.—A la suite des guerres religieuses viennent
d'autres fléaux non moins terribles. C'est la peste et
la famine qui semblent se disputer le privilége de
désoler cette ville. Les chroniqueurs stéphanois
prétendent que la paroisse de Saint-Etienne perdit
dans une année plus de 7,000 habitans. La contagion se répandit au loin. Les mémoires d'Achille de
Grammont rapportent que le Bourg-Argental fut
tellement froissé qu'il n'y resta que 20 à 25 personnes de 300 individus dont se composait sa population. Le setier de froment valut jusqu'à 24 liv. Dans
l'espace d'un siècle, la peste ou la famine vinrent à
plusieurs reprises décimer la population et anéantir
les espérances de cette ville naissante [1].

Néanmoins, ces tristes époques laissent après
elles le souvenir d'hommes généreux dont la pos-

[1] Le bon Chapelon a décrit un de ces épisodes déplorables dans son
naïf langage, mais avec une grande vérité de sentiment.

térité bénira la mémoire. Le vénérable père Cyrile, représenté dans un tableau peint pour l'église de Saint-Etienne, les dignes consuls Ronzil, Bessonnet et Pierrefort se dévouent entièrement au service des malheureux et deviennent les bienfaiteurs de cette ville affligée. Ce sont ces temps de désolation qui ont donné naissance à la plupart des établissemens religieux. C'était l'époque de la suprématie du clergé; mais, d'ailleurs, Saint-Etienne a de tout temps possédé une population éminemment religieuse. La piété des fidèles fonde d'abord la chapelle de Notre-Dame de la Montat, au cimetière de laquelle sont enterrés les pestiférés, celles de Saint-Roch et de Sainte-Barbe, puis viennent les monastères des sœurs de Sainte-Catherine, des R. P. Minimes et des Capucins, des Sœurs de la Visitation et des Ursulines.

1589. — La contagion avait désolé cette année la ville de Saint-Etienne. Le roi de Navarre (Depuis Henri IV) y était venu, avait gémi sur les désastres publics ([1]), et avait promis de les réparer. La guerre

---

([1]) Le passage du roi de Navarre à cette époque est-il bien prouvé, quoiqu'en disent les chroniqueurs stéphanois? Auguste Bernard, qui a le mérite de puiser aux bonnes sources, rapporte cette date au passage de l'amiral Coligny, à la fin du mois de mai 1570, en même temps qu'il fait la description des dégâts commis dans cette ville par une armée de 9 à 10,000 raistres, non compris les compagnies françaises, commandées par e roi de Navarre, le prince de Condé et le sieur de Montgomery. Le même écrivain ajoute autre part qu'Henri IV vint dans les premiers jours de septembre 1595, à Lyon, où il ferma les dernières plaies de la ligue.

n'en continuait pas moins avec rage. Henri III ayant fait assassiner le duc de Guise, la ville de Lyon indignée s'était déclarée pour la ligue. La plupart des gentilshommes foréziens embrassèrent le même parti. Dans ce nombre figurent Anne d'Urfé, bailli de Forez, qui fut nommé lieutenant-général de cette province par le duc de Nemours ; ses frères, Jacques-le-Paillard d'Urfé, qui devait un jour le remplacer dans sa charge de Bailli, Honoré d'Urfé, le chantre du Lignon, l'auteur du roman de l'*Astrée*, Christophe d'Urfé, seigneur de Bussy, et avec eux Chevrières, seigneur de Saint-Chamond, Chalmazel, Couzan, Cremeaux, etc. Cependant quelques gentilhommes foréziens étaient demeurés fidèles au roi, et de ce nombre étaient Bertrand d'Albon, seigneur de Saint-Forgeux, Aimard de Saint-Priest, seigneur de Saint-Étienne, François de Meuillon, à qui appartenait le château de Rochetaillée. Les consuls lyonnais envoyèrent à Saint-Étienne le capitaine Moulceau qui s'y maintint quelques temps, malgré que les habitans fussent en grande partie des *politiques*, c'est-à-dire des catholiques timides qui voulaient la paix, et que le peuple manifestât souvent l'intention de se ranger du côté de l'Hôpital, un des capitaines de St-Priest (parti royaliste). La résistance à la ligue était établie sur plusieurs points dans le Forez, notamment à Montrond, à Cornillon et à Rochetaillée surtout. C'est à cette époque qu'eut lieu le siége de ce châ-

teau-iort qui fut fait dans les formes, les ligueurs
ayant fait venir du canon de Lyon. Beneyton (*manuscrit*) rapporte que ce château fut défendu au de-
dans par de la Brosse, et au dehors par le maréchal
de l'Armusil. Delamure (*manuscrit*) donne de son
côté le nom de quelques-uns des assiégeans, au
nombre desquels figurent Anne d'Urfé, Chevrières. Ce fut le 30 juin 1589 que Rochetaillée ca-
pitula après un siége régulier de 19 jours.

Saint-Etienne était alors d'une grande importance à cause de sa manufacture d'armes. Il avait
été convenu entre les habitans et les royalistes, que
cette ville serait exempte de garnison; cependant,
aussitôt après la mort tragique de Henri III, le sieur
de l'Hospital y entra et s'en déclara le gouverneur
pour le roi (Henri IV); mais il s'en retira à l'appro-
che du chevalier d'Urfé (Honoré), qui lui-même
ne put y tenir contre les troupes royalistes, commandées par Guillaume de Gadagne (¹). Cette place,
à ce qu'il paraît, n'avait pas de fortifications assez
considérables pour soutenir un siége, puisque bientôt après, se voyant à la tête d'une force imposante
et de trois pièces de canon, le même d'Urfé y
rentra sans coup-férir.

Charles X, ce simulacre de roi que les ligueurs
avaient élevé sur le pavois, étant mort, les confé-
dérés n'en continuèrent pas moins la guerre, et leur

(¹) Ce seigneur est le même qui fit achever le somptueux château de
Bouthéon, commencé par le bâtard Mathieu de Bourbon.

parti même l'emporta tellement sur les royalistes,
que le Forez leur fut entièrement soumis.

1592. — Tous les documens de cette époque s'ac-
cordent à dire, suivant Aug. Bernard, dans son récit
des événemens de la ligue (¹), que cette province
devint parfaitement calme, et que les habitans purent se livrer à toutes sortes de transactions commerciales.

La valeur du double-ducat était de 12 liv., celle
de l'écu de 4 liv. 5 s. celle du teston, de 20 et 22 s.,
celle du franc d'argent de 25 s.

Le pays était devenu tranquille et les marchands
avaient toute liberté d'acheter, de vendre et de
voyager. Les denrées étaient à un fort haut prix.

1593. — La discorde divisa le parti de la ligue,
les principaux seigneurs foréziens embrassèrent celui du roi. Chevrières s'empara de Rochetaillée,
soumit Bourg-Argental, et bientôt tout le Forez fut
remis sous l'autorité royale.

1594.—Le connétable de Montmorency vint alors
à Saint-Etienne, accompagné, dit Beneyton, d'une
suite brillante ; il parvint à arrêter les ravages du
duc de Nemours, qui était toujours puissant dans le
Lyonnais.

1595.—La ville de St-Etienne était à cette époque
la seule de la province où les réformés fussent tolérés,
puisqu'un d'entr'eux avait eu l'audace de renverser

(¹) Les d'Urfé, souvenirs historiques et littéraires du Forez aux 16ᵉ et 17ᵉ siècles.

une croix de bois qui ornait le *Pré de la Foire*. Pris et conduit en prison, son père obtint sa grâce, en promettant d'élever à ses frais une superbe croix en pierre. Les chroniqueurs disent que le père et le fils travaillèrent à cette érection comme de simples manœuvres. Cette croix coûta plus de mille écus et passait pour la plus belle du royaume.

Un autre protestant avait poignardé le curé Coram qui avait tant «presché, tant tonné d'excommunication contr'eux, qu'il avait fait résoudre les habitans de cette ville à ne plus donner leurs maisons à louage à aucun protestant, et quelques-uns même contraignirent les locataires de vider devant le terme. »

Dès le commencement du 17ᵉ siècle, deux écrivains de styles différens, chacun remarquable dans son genre, répandaient au loin le nom de Saint-Etienne. L'un (Marcellin Allard), dans sa *Gazette Française*, s'entretenait d'une manière piquante des mœurs, des coutumes des habitans de la fumeuse (fameuse) ville de Santetiève, puissant arsenal du boîteux mari de Vénus; de la mer de *Féron* (Furan), fille aînée du Grand Océan, à l'extrémité de la plaine forézienne; des campagnes Grangeloriennes et des âpres monts Rochetaliens; de *Chavanelet* qui, d'un rapide cours et de ses flots bouillans-grondans, arrose le travers de l'un de nos faubourgs, traînant avec soi un sable d'or; de cette délicieuse ilette, jardin fécond, abondant et fertile verger, second pa-

radis terrestre, qui est le plantureux *Pré de la Foire;*
des bouches infernales nommées la *Mina,* la *Viala,*
la *Bouta-Clament.* L'autre (Papire-Masson), disait
avec plus de simplicité : « *Furania,* qui a pris le
nom du bienheureux Saint-Étienne est au pied du
mont Sainte-Barbe... Non loin de là s'élèvent trois
autres montagnes d'où sortent continuellement des
flammes ardentes : la première appelée la *Mine,* la
seconde la *Viale,* la troisième la *Bute.* Dans leur
sein se trouve un charbon de pierre que les habitans
emploient en place de bois... et pour préparer de la
bonne chaux.... Ils ont aussi des carrières d'une
pierre de couleur de cendre dont on se sert pour
l'embellissement des édifices........ Une superbe
croix de cette pierre fut élevée dans l'île qui porte
le nom de *Pré du marché et de la foire........* Cette
ville est célèbre dans toute l'Europe par l'industrie
de ses habitans qui ont des ateliers semblables aux
forges de Vulcain, où se fabriquent toutes sortes
d'objets de quincaillerie, les armes de chasse et de
guerre...... Sept cents ouvriers au moins sont employés à cette fabrication.... *Chavanelet* est un petit ruisseau, mais dans son rapide cours il charrie de
l'or.... Son eau a la propriété de blanchir le linge,
sans savon ([1]). »

([1]) Que les temps sont changés ! Nos ruisseaux ne roulent plus qu'un
sable mêlé de mica quelquefois oxidé, ce qui peut lui donner quelque
ressemblance avec l'or. Le mélange des immondices de la ville en a rendu les eaux sales et bourbeuses, et c'est à force de savon qu'on parvient

1605. — Mais avec Henri IV l'industrie avait pris
son essor. Déjà depuis long-temps Lyon possédait sa
fabrique d'étoffes de soie qui avait fui le sol floren-
tin après les guerres des Guelfes et des Gibelins.
Lyon avait également des métiers pour da passe-
menterie et la rubanerie. Le piémontais Gayotti venait d'introduire à Saint-Chamond les moulins dits à
la *Bolonaise*, propres à l'ouvraison des soies. A la
voix de Sully, le sol méridional de la France se
couvrit de mûriers. C'est de cette époque que date la
plantation de cet arbre précieux à Pélussin, d'où il
se transporta à Bourg-Argental, qui produira un
jour la plus belle soie du monde. La rubanerie
ne tarda pas à se développer à Saint-Chamond (¹),
Saint-Didier et Saint-Etienne. Il se forma bientôt
dans cette dernière ville une confrérie de *tissotiers*
et d'ouvriers en soie qui reçurent plus tard, des sta-
tuts en vertu d'arrêts du conseil du roi.

Saint-Etienne prend dès-lors une nouvelle face.

à blanchir le linge. Le foyer ardent de la *Viale*, près le Clapier, est complètement éteint, celui de la *Ricamarie (calceria inflammata)*, mine en-
flammée depuis au moins 400 ans suivant d'anciens terriers), et la montagne brûlante du Quartier-Gaillard, ne vomissent plus de flammes depuis long-temps. Seulement on voit, comme le rapporte Alléon-Dulac de
la montagne de feu de Saint-Genis-de-Terre-Noire, après les pluies et
les temps humides, s'élever une vapeur en forme de fumée et qui a une
odeur de soufre.

(¹) M. Ph. Hedde, dans une Notice qu'il a publiée sur Saint-Chamond,
dit qu'il existe dans cette ville un métier à la haute-lisse, construit à
Izieux, qui porte la date de 1515, ce qui prouve combien ce genre d'industrie est ancien dans cette contrée.

Des quartiers nouveaux sont construits hors de l'enceinte primitive. D'élégantes maisons s'élèvent sur plusieurs points. La ville devient même assez considérable pour mériter un siège royal d'élection qui a pour objet le recouvrement des deniers royaux, ainsi qu'une sénéchaussée pour connaître de toutes causes civiles et criminelles ; elle devint après Lyon la ville la plus considérable de la généralité.

Les lois qui régissaient nos ancêtres étaient plus sévères que les nôtres. Un individu, pour avoir maltraité son père, fut condamné à être pendu (1).

Quelques années après, une émeute eut lieu, occasionée par la cherté du pain ; soixante-seize individus furent arrêtés et conduits à Lyon. Huit furent condamnés à faire amende honorable, en chemise, la corde au cou, et menés au supplice dans un tombereau ; cinq d'entr'eux furent pendus et trois fouettés le long des rues, portant sur le dos un écrit où étaient ces mots : *Voleurs, séditieux, perturbateurs du repos public.* Tous les autres bannis ou envoyés aux galères. Quarante contumaces furent condamnés, les uns à mort et les autres aux galères.

Une mendiante avait enlevé de l'église de Saint-Etienne le St-Ciboire rempli d'hosties avec l'ostensoir qu'elle avait caché au dessus du bois de Valbo-

(1) Ce malheureux, nommé J. Clozot, ayant survécu au supplice de la corde, fut, trois jours après, pendu une seconde fois, malgré les instances de son père et de sa femme.

noîte, dans un lieu désert, couvert de ronces et de bruyères. (C'est à la place où avaient été déposés les vases sacrés que l'on fit élever une chapelle à laquelle on a donné les noms de Chapelle-du-Bois et de Sainte-Chapelle.) Ayant été convaincue, cette malheureuse fut condamnée à être brûlée vive, et ses cendres jetées au vent. Mais ce qui prouve combien la justice était rigide et qu'elle remplissait encore son devoir également envers tous, c'est que le seigneur de Saint-Priest lui-même, Gilbert de Chalus, et le comte d'Orcival, son frère, ayant soulevé contr'eux l'indignation publique par leurs déprédations et leurs attentats journaliers, la cour des grands jours résidente en Auvergne, se transporta à Saint-Etienne pour informer contr'eux, et à la suite de l'instruction ils furent condamnés à la peine capitale, par arrêts du parlement de Paris, des 30 avril et 20 juin 1667.

1669. — La paroisse de Saint-Etienne, comprenant Valbenoîte, Outre-Furan, Montaud, la Ricamarie, Furet-la-Valette, Planfoy et la Métare, compte déjà 28,000 habitans, sur lesquels figurent plus de 300 couteliers, 50 canonniers, 600 armuriers (1), 40 marchands quincailliers, 30 fabricans de rubans, dont quelques-uns occupent près de 700 métiers à une seule pièce, disséminés jusqu'à 6

(1) Ces divers états avaient des marques et même des écussons en guise d'armoiries. On en remarque encore quelques traces sur les portes de quelques vieilles maisons, principalement de la rue de Lyon.

lieues dans les montagnes ; 20 mouliniers, 4 tein-
turiers et 3 cylindreurs; un penonage de 1,200 hommes armés, espèce de garde nationale, à la tête de
laquelle marche le corps consulaire ([1]).

Nous sommes arrivés à une époque toute de
progrès. Un homme dont le nom sera toujours cher
anx habitans de Saint-Etienne, M. Guy-Colombet,
se signale par la création de nombreux établissemens
d'utilité publique. Des maisons de refuge, des hospices pour les vieillards et les orphelins, des écoles
gratuites pour les enfans des deux sexes, sont successivement élevés; il contribue également à l'é-
rection de la nouvelle paroisse de Notre-Dame. La
mort enleva ce digne curé au moment où il son-
geait à faire disparaître la mendicité, cette plaie
hideuse, que l'on n'a pu encore effacer de nos
mœurs.

Le beau siècle de Louis XIV imprima un grand
développement aux diverses branches de l'industrie
stéphanoise. Les armes de chasse et de luxe, ornées
par la gravure, la ciselure, et quelquefois garnies
de riches métaux ou de pierres précieuses furent
exportées dans toutes les parties du globe. L'armu-
rerie, dit un écrivain moderne ([2]), devint à cette

[1] Chapelon, dans son poëme sur l'*entrat solennela de Monsieur et de
Madama de Saint-Priest*, donne une idée de ce qu'était cette milice. Elle
comptait sept compagnies ayant chacune capitaine, lieutenant, enseigne,
sergent et caporaux ; elle était commandée par un major et précédée de
tambours, fifres et hautbois.

[2] M. Descreux, qui a fait imprimer quelques poésies patoises de son
parent, G. Boiron, le maître Adam stéphanois.

époque la branche la plus importante de notre industrie, elle répandit l'aisance dans la contrée, excita l'émulation et fit naître une foule d'artistes dont les talens réhaussèrent l'éclat de nos manufactures. C'est de cette école que sortirent un jour les Dupré, les Dumarest, les Jalley et les Galle.

La rubanerie prit également une grande extension. Néanmoins, cette branche d'industrie ne devait pas être fort lucrative, puisque d'Herbigny rapporte qu'en 1698 le plus habile ouvrier gagnait à peine 5 sous par jour.

1703. — On commence dès-lors à enlever les entraves qui existent pour l'extraction de la houille. Des lettres patentes sont obtenues pour rendre la Loire navigable de St-Rambert à Roanne, des travaux sont exécutés au saut de Piney pour le balisage de ce fleuve. Ils peuvent coûter plus de 600,000 liv. Néanmoins, la crainte d'épuiser le combustible fait solliciter des arrêts qui défendent l'exportation du charbon de Firminy, de Roche-la-Molière, du Chambon et autres minières qui pourraient se trouver dans la distance de deux lieues communes aux environs de Saint-Etienne. Ce périmètre fut réduit plus tard à 2,000 toises, et ensuite complètement supprimé de nos jours par les ordonnances de concession.

L'état prospère du commerce de Saint-Etienne est arrêté par les rigueurs de l'hiver et la disette de 1709. Le fidèle chroniqueur Beneyton a transmis les détails de cette époque déplorable. Les alimens gelèrent auprès du feu, le vin fut chargé de glaçons, le cours du Furan fut arrêté et tous les travaux furent suspendus. Le prix du grain s'éleva jusqu'à 11 liv. le bichet, et les ouvriers sans pain et sans ouvrage, se répandirent dans les campagnes, où un grand nombre succombèrent à la plus affreuse misère. L'huile devint fort rare, ce qui fit que l'on se servait du bois de pin résineux pour éclairer pendant la nuit l'intérieur des ménages; au lieu de savon pour blanchir le linge, on employait de l'argile blanche (¹).

Les villes manufacturières plus que toutes autres,

(¹) Les hivers les plus mémorables de la contrée dans le XVIIIᵉ siècle ont été 1709, 1740, 1742, 1767 et 1768. Dans le plus grand froid du terrible hiver de 1709, le thermomètre, à l'esprit de vin, absolument à couvert des rayons du soleil, descendit à Saint-Etienne à 14° au dessous de glace, en 1740 à 10°, en 1741 à 13°, en 1742 à 9° Réaumur.

Dans les étés les plus chauds, on cite 1758 où le thermomètre à l'ombre et au nord s'éleva ici jusqu'à 35°, en 1740, à 28 degrés, en 1741, à 31°, en 1742, à 32° Réaumur.

Que dirait M. Arago après de pareilles observations, s'il savait qu'à Saint-Etienne nous avons vu dans les années les plus rigoureuses du XIXᵉ siècle, le thermomètre à l'esprit de vin et même au mercure, descendre à 15, 16, 17 et même à 18 degrés Réaumur, et que dans les années les plus chaudes, nous y avons vu rarement le thermomètre monter, à l'ombre et au nord, à 30° de chaleur, surtout s'il était bien prouvé que jadis cette contrée était environnée de forêts, qu'il y avait des vignes et que le raisin y mûrissait; tandis que maintenant la montagne est en partie déboisée, qu'il n'y a plus de vignes, et tout le monde sait que le raisin aurait peine à y mûrir. L'illustre savant aurait alors beau jeu de nous annoncer le refroidissement successif du pays. Voyez à ce sujet sa notice dans l'Annuaire du Bureau des Longitudes, pour 1834.

sont exposées aux vicissitudes journalières du commerce et de la politique. On a remarqué que la population augmente ou diminue suivant l'état plus ou moins prospère de la contrée. La ville de Saint-Etienne a éprouvé ces diverses phases à plusieurs époques, et par conséquent sa population a dû décroître dans les années 1585, 1629, 1640, 1693 et suivantes. De 1700 à 1709, les naissances s'élevaient, année commune, dans le territoire qui comprend les communes de Saint-Etienne, Valbenoîte, Montaud et Outre-Furens, à 837, qui, multiplié par 25, supposent une population de 20,925 habitans (¹). Les malheurs de 1709 et des années suivantes, diminuèrent tellement la population, qu'il fallut près d'un demi-siècle pour qu'elle atteignit le même résultat. Le luxe qui règne pendant le temps de la régence, contribue un instant au bien-être des fabriques de Saint-Etienne, mais bientôt la chute du système Law, causa une grande perturbation dans les fortunes commer-

(¹) Bien que 21 ou 22 paraisse être le multiplicateur qui désigne la population d'après le mouvement indiqué dans le bulletin de la Société Industrielle, on a remarqué que le chiffre des naissances pourrait avoir besoin d'un correctif, soit à cause de celles portées deux fois, soit à cause des naissances déclarées par des personnes habitant hors la localité : le multiplicateur 25 est le chiffre que Messance et les hommes qui se sont occupés de la question de la population de l'arrondissement de Saint-Etienne ont reconnu le plus exact. Nous le pensons ainsi, malgré que la table de Duvillard adopte celui de 28 3/4, comme indiquant également la vie moyenne en France avant la révolution, et que M. Mathieu, du Bureau des Longitudes, le porte à 52 4/10.

ciales et particulières. La société de Notre-Dame, dit l'abbé Chauve, perdit elle seule plus de 30,000 liv. Les hommes sont toujours les mêmes. Ils ont beau être trompés, ils retombent sans cesse dans les mêmes erreurs. Nous verrons plus tard un papier forcé être remis en jeu et l'agiotage des actions se reproduire sur une échelle aussi vaste. Les fautes des pères sont perdues pour les enfans.

1754. — L'érection d'une nouvelle cure avait été décidée. Le cours de la mère-rivière forme les limites naturelles des deux paroisses. On achève ce qu'avait commencé 84 ans auparavant M. Guy-Colombet. M. George Bertrand, premier curé de Notre-Dame, entre en exercice. C'est vers cette époque qu'eut lieu la mort de M. Antoine Thiollière-Bécan, syndic de la société de cette paroisse, homme de beaucoup d'esprit et historien de Saint-Etienne. Cette ville présentait alors une physionomie singulière; elle avait à elle des coutumes, un langage particulier. C'était encore la vieille ville des *Gagas*. Divers jeux publics étaient établis pour l'amusement des habitans. Chacun d'eux avait sa police et ses règlemens. L'hôtel des chevaliers de la cible se faisait remarquer à l'est de la place Chavanelle. Cette compagnie, composée des premiers citoyens de la ville, se rassemblait pour disputer des prix et donner de temps en temps ces fêtes aux dames. Il n'y avait, à proprement parler, qu'un seul café, le café Verrier, sur la grande place. C'était le lieu où se

rendaient journellement les marchands, les notables de la cité, et où l'on discourait sur les bruits
de ville et les affaires publiques. L'idiôme généralement en usage était le patois stéphanois, qui ne
manquerait ni de force ni d'expression, s'il avait
plus d'harmonie. Les ouvriers se rendaient dans
quelques cabarets disséminés dans les différens
quartiers. La politique n'occupait guère les esprits,
la philosophie du XVIII⁰ siècle ne s'était pas encore
introduite dans la localité. Une pièce de vers de
l'abbé Thiollière suffisait pour occuper la population pendant plusieurs jours.

Voici la description de Saint-Etienne vu au milieu du XVIII⁰ siècle. C'est un Stéphanois, c'est Alléon-Dulac ; il faut se défier de sa critique qui est
quelquefois exagérée :

« Les rues sont assez larges ; mais les sinuosités
de quelques-unes ne permettent pas d'en suivre
d'un coup d'œil toute la longueur. On n'en connaît
qu'une seule qui soit parfaitement droite et alli-
gnée (la rue du Chambon) ; ce n'est pas ici qu'il faut
venir pour étudier les vrais principes d'architecture. L'empreinte du ciseau d'un Michel-Ange ne
paraît nulle part... il semble aussi que toutes les
maisons ont été bâties sur le même modèle. En
voir une, en parcourir l'intérieur, c'est avoir vu
pour ainsi dire toute la ville. Un seul escalier conduit de la rue au 1er étage ; les marches en bois sont
si élevées et si raides qu'on ne monte pas aisément,
ni qu'on ne descend pas sans crainte.

La plupart des maisons n'ont que deux étages
assez bas. On prétend que c'est pour les mettre
à l'abri des vents quelquefois très-impétueux (¹).

Les étrangers sont étonnés avec raison de n'y
voir aucun de ces monumens qui annoncent et

(¹) Il est peu de villes où la température soit aussi variable qu'à St-
Etienne. On peut s'en faire une idée par quelques observations que nous
ont conservé les chroniqueurs, sur les variations de l'atmosphère à Saint-
Etienne, observations qui ne sont pas sans intérêt pour la météorologie
de cette ville.

1587. — Terrible inondation.

7 juin 1597. — Trois pieds de neige.

25 juillet 1616. — La ville fut menacée d'une submersion totale par
l'eau et le sable qui descendaient de Polignais. Tous les moulins sur le
Furan jusqu'à Lafouillouse furent emportés.

21 juillet, 6 août 1618. — Inondation désastreuse de Furan et Chavanelet.

8 janvier 1625. — Tremblement de terre. Il n'y eut point d'hiver
cette année. Les arbres et les plantes fleurissent en juin; les blés eurent
des épis en février et furent moissonnés au commencement d'avril.

25 novembre 1628. — Inondation qui enleva tous les ponts.

15 août 1633. — Ouragan violent qui ravagea toute la contrée.

6 août 1692. — Grande pluie qui dura trois jours. Inondation de Furan et Chavanelet. L'eau nivelait la cinquième marche de la croix du pré
de la Foire, ce qui suppose au moins trois pieds d'eau sur toute l'étendue de cette place. Le même jour Janon emporta 40 maisons à Saint-
Chamond.

23 juin 1718. — Orage furieux à Saint-Etienne. Il y tomba plus de
deux pieds de grêle.

1733. — Débordement de Furan. Une partie de la ville faillit périr.

16 mai 1743. — Autre débordement.

7 juin 1749. — Les blés renversés par la neige.

Mai 1757. — Vent effroyable qui abattit plus de 5,000 sapins dans les
paroisses de Noirétable, Saint-Genest-Mallifaux et Saint-Romain-les-
Atheux. Débordement de Furan.

distinguent une ville opulente. A l'exception de
l'église principale qui est de forme gothique, en
belles proportions, et n'est pas dénuée de majesté;
à part quelques maisons modernes, dont la construction est due à des artistes étrangers, on n'y
voit ni règle, ni ordre, ni proportion. La sur-
prise redouble quand on fait attention que Saint-
Etienne n'est qu'à une petite distance de Lyon,
où l'on peut aller admirer tant de beaux édifices.

Comme cette ville est moins favorisée que bien
d'autres qui, du côté de l'industrie, des richesses
et de la population, ne peuvent soutenir la comparaison avec elle, elle n'a aucune promenade
publique; ses avenues sont impraticables pendant
le tiers de l'année; son grand chemin qui conduit
à Lyon, commencé depuis quelques années, n'est
pas encore achevé.

« Les sciences et les lettres sont peu cultivées
à Saint-Etienne. Il y a paru un ouvrage manuscrit
qui est moins l'histoire civile et ecclésiastique
qu'une pesante et ennuyeuse chronologie des curés
et sociétaires de la principale église (¹). Indépen-
damment du peu d'intérêt que présente un pareil
sujet et du style dont cette histoire est écrite, elle

(¹) C'est sans doute le manuscrit de Béneyton que l'écrivain a voulu
désigner; la critique pourrait également s'appliquer à tous les chroniqueurs stéphanois; mais cela n'empêchera pas les futurs historiens de
Saint-Etienne de les consulter et d'y puiser d'excellens renseignemens,
d'autant plus précieux qu'ils sont donnés sans fard et sans prétention.

est remplie d'anecdotes, si communes et de circonstances si triviales, qu'elle ne franchira pas un horizon plus élevé que celui de Saint-Etienne.

« Le seul ouvrage d'un Stéphanois qui ait reçu
les honneurs de l'impression parut par la voie d'une
souscription très-bornée : ce sont les œuvres poéti-
ques, en jargon territorial (¹), d'un sociétaire nommé Chapelon. La vie de l'auteur qui est à la tête de
cette collection précieuse, élaguée de plusieurs détails minutieux, de quelques sarcasmes, de quelques traits satiriques et de quelques épigrammes un
peu libres, nous apprend uniquement que ce favori
des muses était fils d'un artisan, qu'il fit le voyage
de Rome à pied, qu'il composa des Noëls et qu'il

(¹) Vainement un écrivain ingénieux, M. Aimé Guillon, de Mont-
léon, recherche une affinité entre ce langage et le dialecte milanais.
Quelques rapports de mots, des terminaisons semblables, peuvent bien
faire présumer que tous les idiomes des contrées du midi oriental de
la France ont une même origine, qui est le latin, mais néanmoins le patois de nos localités ne donnera jamais une idée de la douceur et de la
poésie de la langue italienne. Libre à chacun de faire des systèmes, d'é-
mettre des opinions plus ou moins hasardées, telles que celle-ci : *la
Vialla de Santetiève* avait fait partie du territoire qu'occupait la peuplade
gauloise, à laquelle échut l'Insubrie, lors de l'expédition de Bellovèse,
857 ans avant Jésus-Christ *(Archives du Rhône, n. 46 et 47)*; c'est toujours le contact des hommes étrangers qui modifie le langage d'un pays.
Le seul passage des Tard-venus en 1361, troupe d'aventuriers, composée d'Anglais, d'Espagnols, d'Allemands et d'Italiens, peut expliquer
l'origine de beaucoup de mots étrangers à notre localité, tels que ceux-
ci : *hausiau*, maison; *brama*, crier; *bacon*, lard, etc.

mourut en bon chrétien ([1]). Voilà où commence et finit l'histoire littéraire de St-Etienne. Pour achever le tableau, Alléon-Dulac ajoute qu'il n'y a jamais eu d'imprimerie. »

Il y avait alors à Saint-Etienne un clergé composé de plus de 30 prêtres, une agglomération de 184 personnes des deux sexes consacrées à Dieu dans les diverses communautés, ce qui pouvait répandre quelques lumières parmi le peuple. En effet, une de ces communautés (les Minimes) se livrait particulièrement à l'enseignement et à l'instruction.

Il y avait en outre une bibliothèque attachée au couvent des Capucins; un cabinet littéraire où chaque citoyen pouvait prendre des livres moyennant un abonnement; un bureau d'agriculture créé pour l'encouragement du premier et du plus beau des arts.

Une salle de spectacle s'ouvrit vers cette époque au milieu de la place Chavanel. C'était une grande loge en planches où l'on représentait les chefs-d'œuvre de nos auteurs dramatiques.

Le spectacle n'en fut pas plus fréquenté. Des comédiens essayaient-ils de donner quelques représentations, la modicité des recettes les forçait bientôt à

([1]) Le jugement d'Alléon-Dulac ne sera pas approuvé de tout le monde : Chapelon a laissé des morceaux, telles que la Description de la Misère de Saint-Etienne, l'Entrée solennelle du marquis de Saint-Priest, qui seront long-temps des pièces intéressantes de l'histoire du pays.

aller chercher un climat plus favorable aux talens.
N'est-ce pas l'histoire du théâtre de toutes les époques à Saint-Etienne? On avait aussi commencé à
jouer la comédie bourgeoise, mais le goût ne se sou-
tint pas. Une société musicale, de chanteurs et ins-
trumentistes des deux sexes était établie dans une
maison de la place du Pré de la Foire. Chaque membre payait 12 liv. par an. Dans les cérémonies religieuses, une orgue bien dirigée accompagnait les
voix et les instrumens. C'était, à ce qu'il paraît, la
musique qui, de tous les beaux-arts, était le plus
cultivé à Saint-Etienne.

D'autre part, une messagerie entreprit le service
par voiture de la poste et des voyageurs, pour Lyon
et le Puy; le départ avait lieu deux ou trois fois par
semaine. Six lanternes publiques furent posées pour
l'éclairage de la ville et des faubourgs.

A cette époque, la ville comprenait huit places,
trente-cinq rues, trois quais et onze cents maisons
environ. On y comptait deux églises paroissiales et
neuf autres églises, savoir : celles de l'Hôpital, de la
Charité, des Minimes, des Capucins, de Saint-
Ennemond, de Sainte-Catherine, de Sainte-Marie,
de Sainte-Ursule et des Pénitens, sans compter trois
autres chapelles rurales qu'y attirait la dévotion des
fidèles. Il y avait deux écoles pour l'instruction des
garçons indigens, et quatre pour celle des filles.

Saint-Etienne était depuis long-temps la ville la
plus importante du Forez; elle tenait le second

rang dans la généralité de Lyon. Son archiprêtré comprenait quarante paroisses, dont trente-six en Forez et quatre en Lyonnais : onze annexes, dont six en Forez, une succursale non comprise, et cinq en Lyonnais.

Les recettes de la ville ne s'élevaient, en 1753, qu'à 1345 liv., et ses dépenses, à peu près à la même époque, n'étaient que de 1371 livres; mais les impôts établis dans l'étendue des deux paroisses s'élevèrent bientôt à 129,100 liv.

La communauté était administrée en 1774 par des échevins et des syndics représentant les différentes corporations de la ville à la tête desquels figuraient le maire et le lieutenant du maire. Ces corporations étaient au nombre de dix-neuf.

1779. — Un projet grandiose d'unir l'Océan à la Méditerranée par un canal intermédiaire entre Givors et Andrézieux, est conçu et commencé par François Zacharie, mais il ne sera achevé que par nos neveux (1).

(1) L'établissement d'un canal passant par Saint-Etienne, l'approvisionnement d'eaux de cette ville sont des questions du plus haut intérêt. L'insuffisance des eaux pour les besoins de la localité est chaque jour de plus en plus évidente. Déjà, en 1694, en 1795, en 1806, des travaux furent faits, mais sans succès, pour augmenter le volume du Furan par un biez (rio do rey), pratiqué sur la lisière du grand bois, commune de Saint-Genest-Malifaux, où l'on aurait introduit une partie des sources de Semène. Des projets d'aménagement du Furan, au lieu des Billetières; du Furet, à la Gorge-du-Loup; un ingénieux projet de canal en déviant une partie de la Loire au lieu de la Noirie, ont été proposés par

Le territoire houiller est fouillé dans une grande partie de son étendue. Rive-de-Gier, alors un bourg d'environ 3,000 habitans, va prendre dès cette époque un grand accroissement : des fours à verreries, en verre noir, en bouteillerie, en globetterie, et en verre à vitres; des fabriques de noir d'ivoire vont contribuer à sa prospérité.

D'autre part, la serrurerie fait de grands progrès à Saint-Bonnet-le-Château, où s'élève également une nouvelle industrie, qu'elle reçoit du Velay, celle des dentelles communes qui feront place à de plus beaux produits. et pourront devenir un jour une branche lucrative pour le pays.

La guerre maritime qui a régné entre la France et l'Angleterre depuis l'avènement de Louis XVI, et surtout à l'occasion de l'indépendance américaine, a donné beaucoup de dévelopement à la fabrique d'armes et à la quincaillerie; la manufacture d'armes pour le service militaire était alors organisée : long-temps elle avait été languissante et sujette à beaucoup d'abus. Jusqu'en 1764, les armes de guerre avaient été fabriquées par les principaux canonniers de la ville qui traitaient directement avec le gouvernement pour en fournir des

des hommes éclairés et jaloux de contribuer au bien-être de leur pays. En ce moment, d'habiles ingénieurs étudient le terrain, et il faut espérer que nous verrons un jour Saint-Etienne avoir des eaux suffisantes, non-seulement pour les besoins de ses habitans, mais encore pour accroître l'activité de ses usines et de ses fabriques.

quantités proportionnelles à leurs moyens pécuniaires. Depuis cette époque, il fut formé une société unique, à laquelle le roi accorda le privilége exclusif de fournir toutes les armes commandées, soit pour son service, soit pour les puissances étrangères [1].

Les fabriques de rubans de Saint-Etienne et St-Chamond, avaient pris un grand développement. La maison Dugas dont le nom fait époque dans l'histoire de cette industrie, avait doté le pays d'un procédé enlevé à nos voisins.

L'introduction des métiers à la Zuricoise permit de lutter avec avantage contre les Suisses qui menaçaient d'avoir la préférence sur tous les marchés de l'Europe. Le gouvernement, pénétré de l'importance de ces nouveaux métiers qui permettaient à un seul ouvrier de fabriquer 20 et 30 pièces de rubans à la fois, accorda en 1770 une prime de 72 fr. annuellement pendant huit ans, par chaque métier introduit. On employait à cette époque de 250 à 300 mille liv. de soie ou fleuret, production de France, qui valaient 10 à 12 millions de liv. par an, et la vente des marchandises qui en provenait s'élevait au capital de 15 à 17 millions de livres, ce qui laissait dans le pays, soit en main-d'œuvre, soit en bénéfice, une somme d'environ cinq millions de liv. annuellement.

[1] Statistique Industrielle de l'arrondissement de Saint-Etienne, par M. Alphonse Peyret.

L'auteur du Voyage de Sainte-Colombe à Saint-Etienne rapporte qu'en 1787, les ouvriers employés aux rubans dans cette ville, Saint-Chamond et quarante communes à l'entour, étaient au nombre de 28 à 30,000, mais que ce nombre augmenta encore peu de temps après, jusqu'à 40 mille, ce qui supposerait environ 20 mille métiers à la haute-lisse, basse-lisse et à la barre. Ces chiffres ont paru exagérés à M. Alphonse Peyret, qui n'a évalué le nombre des personnes employées à cette industrie qu'à 26,500 et celui des métiers à 15,250; cependant Messance (¹) avait porté à environ 70,000 le nombre des personnes occupées au fer et à la soie, dans un rayon de sept lieues autour de Saint-Etienne. Il n'y aurait donc rien d'étonnant que la rubanerie, surtout après le traité de commerce qui venait d'avoir lieu entre la France et l'Angleterre, et qui favorisait exclusivement ce genre d'industrie, n'eut occupé plus de la moitié de la population ouvrière de cette contrée. Cette branche était alors la plus lucrative, puisqu'un ouvrier ordinaire gagnait jusqu'à 15 sous, et une femme aidée de son enfant, 12 et 16 sous sur un métier à la Zurichoise.

(¹) La Biographie Lyonnaise, publiée par le cercle littéraire de Lyon, attribue sans doute à tort à l'abbé Andra ou à de la Michodière *les recherches sur la population des généralités d'Auvergne et de Lyon*, de M. de Messance, qui a été receveur des finances à Saint-Etienne jusqu'à la révolution.

5

M. Cochard ajoute que J.-C. Flachat avait rapporté de ses voyages des procédés infiniment utiles pour arçonner et filer le coton à la manière des Levantins, et pour teindre les cotons, soies, poils de chèvre, en rouge, façon d'Andrinople ; qu'il établit à Saint-Chamond des ateliers, dans lesquels des ouvriers grecs qu'il avait amenés mettaient en pratique les leçons qu'ils avaient reçues chez eux. On vit sortir de cette manufacture des étoffes imitant celles des Indes et du Levant, des velours ciselés dans le genre de ceux de Venise.

Une autre entreprise dirigée par un ecclésiastique se formait en même temps à Bourg-Argental pour la fabrication des blondes ; mais la révolution de 1789 qui apporta tant de changemens dans nos rapports, nos institutions et nos établissemens, arrêta les progrès de quelques fabriques naissantes. Les tempêtes politiques, les crises révolutionnaires étouffèrent bientôt ces germes d'avenir et d'espérance, et comprimèrent pendant quelque temps l'essor de nos principales manufactures. Heureusement l'industrie de nos contrées est vivace : aussi active dans les momens de prospérité que persévérante dans les temps de calamité, elle a mille et mille ressources. Il y a eu des époques néfastes où l'on a pu la croire perdue, mais, comme le phénix, elle peut prendre ce mot pour devise : *Resurgam.* C'est ce que nous verrons dans la seconde partie de cette notice.

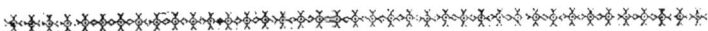

DEUXIÈME PARTIE.

Saint-Etienne (¹), simple bourg au 12ᵐᵉ siècle, dont l'existence n'est signalée que par le nom de son église, érigée en paroisse, s'est élevé insensiblement au rang de ville. Dès le 15ᵐᵉ siècle, son industrie donne lieu à l'accroissement de sa population, à l'extension de son enceinte. Cité importante au 18ᵐᵉ siècle, elle rivalise avec l'Angleterre par ses houilles et ses usines, avec l'Allemagne et la Belgique par sa quincaillerie et ses armes, avec la Suisse par sa fabrique de rubans, le plus beau fleuron de sa couronne industrielle. Elle se place dès-lors au rang des premières villes manufacturières du royaume. Mais avant de suivre le développement que cette nouvelle Salente a subi, jetons nos regards sur la scène politique, cause de tant de perturbations dans la société, dans les arts

(¹) L'opinion qui fait remonter la fondation de Saint-Etienne au temps de la domination romaine, n'est appuyée par aucune preuve historique ou monumentale. Ceux qui voient avec peine l'origine obscure de leur cité, devraient réfléchir qu'il est plus glorieux pour elle de s'être élevée par ses propres travaux que de devoir son élévation à ceux des conquérans.

et le commerce , qui renversa tant de fortunes anciennes, en édifia de nouvelles , et fournit plus d'une page intéressante à l'histoire moderne.

Une grande lutte s'est élevée entre le génie des vieilles institutions et l'esprit d'émancipation populaire. La monarchie se pose comme médiatrice entre les deux partis ; mais la violence des passions la déborde. Les finances sont dans le plus grand délabrement ; l'administration en est confiée à des mains inhabiles ou infidèles : ce qui le prouverait à défaut de nombreux exemples offerts dans les annales de cette époque., ce serait l'achat par la couronne , du sieur Gilbert des Voisins , de la seigneurie de Saint-Étienne , moyennant la somme de treize cent mille livres , tandis que , déduction faite des objets aliénés par M. Demoras , l'ancien seigneur, son revenu n'est que de dix mille livres.

Des députés pris dans les trois ordres de la nation sont chargés d'aller porter au roi les cahiers de doléance, expression des besoins du peuple. M. Richard de Maisonneuve , juge au baillage de Bourg-Argental, et M. Gagnière de Saint-Etienne, curé à Saint-Cyr-les-Vignes, furent choisis au nombre des députés élus à Montbrison par les habitans du Forez : douze de ces électeurs représentaient le tiers-état de Saint-Etienne.

Les états-généraux se constituent en assemblée nationale. Ses principes sont généralement adoptés à Saint-Etienne. Une soif d'améliorations et de réforme s'est emparée de tous les esprits. Les masses se lèvent comme un seul homme pour concourir au grand acte de la révolution de 1789, commencée au bruit du canon de la Bastille. La garde bourgeoise se forme à Saint-Étienne comme dans toute la France, par un élan spontané, à la nouvelle de l'arrivée de ces brigands qui, disait-on, étaient partout, et ne parurent nulle part. Cette milice nationale se composait de huit compagnies et d'environ mille hommes. M. Royet-Chapelon fut nommé chef de légion. Deux clubs furent alors ouverts où l'on discourait publiquement sur la politique.

La nation avait accueilli avec enthousiasme les nouvelles institutions. Elle avait applaudi à l'établissement du régime représentatif, à l'abolition des droits féodaux, à la suppression des maîtrises et jurandes, à la liberté civile, commerciale et religieuse ; mais bientôt le tableau se rembrunit. Des signes, précurseurs d'orages, s'annoncent à l'horizon. Ici sont des apôtres démagogues qui prêchent des doctrines subversives de tout ordre social ; ce sont des journaux éhontés qui répandent le poison le plus subtil dans la partie la moins éclairée de la nation : là ce sont de prétendus patriotes qui dévastent impunément des châteaux ou des établissemens industriels.

Le 24 juillet, une troupe de gens armés se

transporte chez le marquis d'Osmond, concession-
naire des mines de Firminy et Roche-la-Molière, pille
ses ateliers et brûle ses magasins. Cet acte qu'on
a cherché à excuser sous le prétexte qu'il était dans
l'intérêt des propriétaires lésés du territoire houiller,
n'était pas moins condamnable dans sa forme et
par son exemple. Le 1er septembre, une multitude
considérable d'ouvriers des deux sexes se rassemble
au lieu de la Michalière et manifeste l'intention de
détruire un établissement construit sur le Furet,
pour la fabrication des fourchettes, par des moyens
mécaniques. Vainement MM. de Rochetaillée et
de la Chance épuisent toutes les ressources du
raisonnement, de la modération et de la douceur ;
vainement le propriétaire, le sieur Sauvade, con-
sent à interrompre sa fabrication, à faire trans-
porter à la maison commune les deux pièces principales qui forment son atelier, le peuple égaré
brise et détruit tout. « La destruction de cette machine a privé Saint-Etienne d'une branche de produits qui occupe ailleurs des milliers de bras ([1]). »
Et ce fait s'est reproduit à chaque crise populaire !
L'ouvrier privé d'instruction est toujours la dupe
des mauvais raisonnemens.

Un décret de la Constituante, du 3 février 1790,
sur la division du territoire, avait formé du Lyonnais, Forez et Beaujolais, un seul département,

([1]) *Journal de Saint-Etienne* des 11, 13, 23 mars 1839.

appelé Rhône-et-Loire , dout Lyon était le chef-lieu.

Les échevins (¹) qui s'étaient occupés de l'administration civile , furent alors remplacés par une municipalité composée d'officiers et de notables ; M. Antoine Neyron fut le premier maire de Saint-Etienne , nommé à la majorité des citoyens actifs.

Le recensement de la population de Saint-Etienne et de sa banlieue fut fait alors : il se monta à 27,209 habitans, compris Saint-Etienne , Outre-Furens, Montaud , Valbenoîte , Furet-la-Valette et la Métare. Celle de Saint-Etienne seule fut évaluée à 18,559 ames.

Un directoire de district eut à s'occuper de tout ce qui concernait l'administration locale et à préparer, par ses avis, les arrêtés du département. M. Louis-Joseph Praire-Royet en fut le président. Ce fut le commencement de la vie administrative

(¹) Avant les échevins la communauté de la ville de Saint-Etienne était administrée par des consuls. La date la plus ancienne qui en fasse mention est celle du 28 décembre 1410, contrat d'acquisition d'un terrain dit le *Pré de la Foire* par les consuls de St-Etienne. En 1486 il existe une transaction pour la libre franchise de cet emplacement, entre le seigneur de St-Priest et les consuls et principaux habitans de St-Etienne qui sont Jean Bechon, Antoine Cizeron, Etienne Pion, Jean Tissot, Benoit de la Bougy et Etienne de la Place. Les premiers consuls patentés sont ceux de l'année 1637. L'échevinage date de l'année 1669. Les premiers échevins furent J. Palluat de Besset, J. Blachon, Antoine Ronzil, J. Frotton. Ce fut en 1750 qu'eurent lieu les lettres patentes qui unissent au consulat les charges de conseiller du roi, maire, lieutenant de maire, secrétaire, assesseurs, etc., etc.

de cet homme qui a joué un grand rôle à cette époque mémorable, et qui a mérité la reconnaissance de ses concitoyens par ses talens et son dévouement à la chose publique. Le tribunal de district remplaça les anciennes juridictions seigneuriales; il fut composé de MM. P.-A. Fromage, président, Detours, Mathon de Fogères, Pourret-des-Gauds et Prandière.

L'administration ainsi composée était à même de pourvoir aux besoins de la communauté et devait nécessairement s'associer aux vues de réforme du gouvernement; mais les meilleures intentions faillissent devant la force des choses. (14 *juillet*) Pendant que les citoyens se réunissent fraternellement dans le grand pré du Coin, pour célébrer la fête de la fédération, la discorde se prépare à secouer ses torches incendiaires : ici (4 *août*), c'est une populace effrénée qui arrache des prisons un employé aux aides, injustement accusé d'accaparement de grains, qu'on avait enfermé dans la maison d'arrêt pour qu'il fût plus en sûreté. En vain un ouvrier courageux, Dubouchet dit Chambonnaire, essaya-t-il de le soustraire à la rage des assassins, en se portant dans le corps-de-garde de la place; ses efforts ne tendirent qu'à prolonger son martyre. Le peuple l'arracha de nouveau de son asile, et par un retour bizarre aux idées religieuses, il voulut donner à sa victime une dernière consolation en appelant auprès de lui un confesseur. Ce fut l'abbé

Gauthier qui fut chargé de ce triste ministère. Bientôt après, traîné sur le pavé, meurtri de coups, le malheureux Berthéas pouvait implorer la mort comme une grâce, quand une femme lui écrasa la tête avec un bloc de pierre. Quatre individus convaincus d'avoir pris la plus grande part à ce crime, furent condamnés par la sénéchaussée de Lyon et pendus sur la place du Pré-de-la-Foire. Mais la justice a beau sévir, le mal vient de plus haut.

Là c'est l'insurrection (11 *novembre*), au milieu de Saint-Etienne, malgré le développement d'une force imposante. En vain le drapeau rouge est déployé, la loi martiale est proclamée, la sédition marche la tête haute et menaçante. M. de Curnieux, commandant les dragons (garde nationale à cheval), croit l'apaiser en faisant retirer sa troupe. Le peuple se rue aussitôt sur le corps-de-garde. Les hommes du poste sont désarmés et maltraités. Un citoyen recommandable par ses vertus publiques et privées, M. le baron de Rochetaillée, commandant de la garde bourgeoise, est foulé aux pieds et mutilé.

Le misérable, cause de ce déplorable événement, un nommé Odde, ouvrier sur le fer, et connu par l'exagération de son langage, avait été conduit dans les prisons de Montbrison pour avoir cherché à troubler la tranquillité publique ; ramené par la populace de Saint-Etienne, qui se recruta en chemin de tout ce qu'elle rencontra sur son passage, il fit son entrée dans la ville, au bruit d'une décharge de mousqueterie. De toutes parts le mépris des lois, le soulèvement des basses classes, l'effroi des gens paisibles, l'émigration des hommes timorés, et à la suite tous les fruits des mauvaises passions

1791. Les classes éclairées n'ont cependant pas encore perdu tout courage et toute influence. La nomination de M. Jovin-Molle, comme député à la législative, choisi parmi les hommes les plus recommandables de la cité, annonce que tous les bons citoyens ne se sont pas encore retirés de la lutte. Le dévouement à la chose publique se trouve encore dans bien des âmes. De jeunes volontaires sortis de tous les rangs de la société se présentent avec ardeur pour concourir à la défense de la patrie. Un bataillon de 600 hommes se forme et part de Saint-Etienne, au chant de la *Marseillaise*, sous le commandement du colonel Vabre. Parmi eux et comme soldat se trouve le jeune Ranchon, qui reviendra un jour avec le grade de major et la réputation d'un excellent militaire.

Le clergé de Saint-Etienne avait donné franchement son adhésion à la constitution. Le serment civique fut prêté par la presque totalité des prêtres attachés aux différentes paroisses du district et aux communautés religieuses. Parmi ceux-ci figurèrent M. J.-C. Thiollière, auteur de *Diversités Littérai-*

res, ouvrage imprimé en 1791, et J.-F. Baudin, qui écrivit plus tard un poëme en langage vulgaire sur la révolution, œuvre inédite. Bientôt eut lieu la suppression des couvens, et plusieurs religieux et ecclésiastiques profitèrent de la liberté que la loi accordait pour mettre le froc de côté. Dans ce nombre est cité E.-M. Siauve, vicaire de la Ricamarie, qui prit du service dans les armées et publia diverses productions littéraires et politiques.

1792. L'administration du second maire, M. Antoine Desvernays, fut vivement agitée. Homme sans capacité et d'un tempérament billieux et emporté, il sut acquérir cette popularité que l'on est toujours sûr d'obtenir des classes inférieures quand on les flatte au détriment des plus élevées. Plein de cette basse jalousie qui caractérise les petits esprits et qu'il possédait au plus haut point contre ceux qui lui étaient supérieurs, il compromit la tranquillité de la cité dont il devait être le père.

Ce fut à cette époque où l'on proclama la déclaration de la patrie en danger que l'on eut à déplorer plusieurs événemens également graves :

1er *mai.* L'affaire d'Archimbaut, arrêté pour avoir fait insurger la populace de St-Rambert et détruit une clôture ; cet homme, marinier de son état, fut enlevé des prisons de Montbrison, comme l'avait été Odde, par une troupe hideuse de femmes et d'enfans appuyés par quelques gardes nationaux de St-Etienne qui se prévalurent de la faiblesse

du maire de Montbrison , M. Barieux. Quelques
jours après eut lieu la dévastation du château du
marquis de Montdragon , par les volontaires du bataillon de la Haute-Loire , commandés par M. de
Chambarlhac : acte de vandalisme d'autant plus
à déplorer qu'il fut commis par ceux mêmes qui
étaient appelés à l'empêcher et qu'il s'exerça sur
un monument précieux par sa singularité (¹). Au 14
juillet, à l'occasion des fêtes de la fédération , arrivèrent des scènes scandaleuses où une grande partie
des gardes nationaux des environs , appelés à cette
solennité, se montrèrent ennemis de l'ordre public , où les administrateurs du district furent hués
et maltraités ; et à la suite, les dégâts des paysans
à Chavanay , dans les campagnes et les maisons
appartenant aux gens aisés.

Sous ces tristes auspices eut lieu la nomination

(¹) Construit vers la fin du 16ᵐᵉ siècle par Jacques Mitte, seigneur
de Chevrières, sur le monticule qui domine Saint-Chamond, ce château
offrait un point de vue remarquable. A l'est, Corbeyre ou la Roche du
Corbeau , chantée depuis par Dugas-Montbel , et les rives houilleuses du
Gier qui va se perdre dans les sables de Givors; au midi, Lavala ou la
Suisse en miniature avec son cré de la Perdrix et sa cascade majestueuse ;
à l'occident, le Val de Langonan et le cours du Janon qui descend du
sommet sourcilleux de Rochetaillée; mais par une singularité assez bizarre , la terrasse de cet édifice servait de toit à une église bâtie en forme
de noix. On y parvenait par un beau perron à balustrade de pierre où
venait aboutir un escalier de 170 marches. Le clocher était auprès , et par
conséquent au-dessous de l'église. On eut dit que la féodalité eût voulu
signaler par là que sa puissance était appuyée sur le culte. Hélas ! tout
devait crouler ensemble.

des députés pour la Convention nationale. Plus de 1,200 électeurs se rendirent à Saint-Etienne de tous les districts du département. Au nombre des élus se trouvaient M^{rs}. Beraud, membre du district, homme instruit. d'un caractère doux et humain, et Noel Pointe, ouvrier armurier, plein d'esprit naturel, mais partisan déclaré des mesures violentes (¹). Une pièce de vers que ce dernier composa à cette époque, annonce de la facilité, quoiqu'elle ne soit qu'une banale déclamation du pauvre contre le riche. Il paraît aussi qu'il était éloquent. On dit que se trouvant au club où pérorait un individu dont il ne partageait pas les opinions, Noel Pointe rétorqua ses argumens avec tant de vigueur, que son adversaire ne sachant plus que dire fut obligé de sortir de la salle, plein de confusion. Plus tard, lorsque Pointe fut pris par les Lyonnais, le conseil municipal, quoique ne partageant pas ses principes, eut la générosité de solliciter sa mise en liberté, déclarant même que la commune de Saint-Etienne s'honorait de lui avoir donné le jour (2). Ce dernier trait fait l'éloge des hommes qui composaient l'administration plus encore que de celui qui en était l'objet. On n'usa pas envers eux de la même modération, quand les circonstances eurent changé.

(¹) Le premier dans le jugement de Louis XVI vota pour la détention et le bannissement à la paix, et l'autre pour la mort.

(2) Délibération du conseil municipal du 2 juillet 1793.

A M. Desvernays succéda M. Praire-Royet,
homme considéré de tous les partis par son courage, son zèle et ses connaissances variées. Doué
d'un physique agréable, cet administrateur à la
tête froide, mais au cœur généreux, joignait à un
sens droit une élocution facile et spirituelle. Chef
d'une des premières fabriques de rubans du pays,
il était très-aimé des ouvriers envers lesquels il se
montrait charitable dans les momens de détresse
commerciale. Peu disposé néanmoins pour le commerce, son goût le dirigeait principalement vers les
affaires publiques. Deux fois cependant il voulut se
démettre de ses fonctions publiques, et deux fois il se
rendit aux vœux et aux prières de ses concitoyens.
Partisan modéré de la révolution, M. Praire-Royet
fut secondé dans ses vues généreuses par son frère
Nézieux, Desjardins, Molle et autres chefs de la
garde nationale. C'est à lui que la ville est redevable du terrain qui a permis l'établissement de
la place Marengo, et des projets d'améliorations
pour l'embellissement de la ville. M. Praire-Royet
peut être cité comme le modèle du bon administrateur et l'exemple du bon citoyen. Malheureusement sa vie politique fut si courte qu'elle ne
lui permit pas d'achever tout le bien qu'il avait
conçu. Il serait à désirer que la ville lui rendît un
autre hommage que celui d'une stérile admiration.

Au commencement de l'année 1793, les séances
de la municipalité étaient publiques; une assem-

Au Maire Praire-Royet et aux autres citoyens, morts victimes de leur dévouement, Sa Commune de St. Étienne reconnaissante !

blée générale avait lieu une fois par semaine, dans une salle du couvent des Minimes, où l'on parlait des affaires communales.

Ces séances étaient quelquefois très-orageuses, à cause des différentes opinions qui s'y produisaient. Les jacobins déclamaient dans leur club et dans les lieux publics, non-seulement contre les nobles et les prêtres, mais encore contre les riches et les marchands'; ils allaient jusqu'à parler de l'utilité d'une loi agraire et du partage général des biens. Ne pouvant trouver contre ceux dont la position sociale les inquiétait un motif d'accusation, ils leur supposaient l'intention de vouloir renverser le gouvernement établi. M. Praire-Royet fut particulièrement en butte à leurs imputations. Comment les repousser et les détruire? La ville ne possédait pas de journaux ; le maire crut devoir répondre aux diatribes dirigées contre lui, dans une séance publique de la municipalité.

Après avoir protesté de son attachement au gouvernement, il se plaignit vivement de ces intrigans qui cherchaient à déconsidérer les autorités constituées, en calomniant leurs intentions, qui prêchaient la violation des lois, sous le prétexte de venir au secours de la classe ouvrière ; il déclara que tant qu'il serait à la tête de l'administration, il se ferait un devoir de veiller au respect de la propriété, à la sûreté des personnes ; il signala comme des citoyens dangereux ces hommes qui

proposaient le renversement des principes tuté-
laires de l'ordre social, et s'animant par dégrés, il
désigna le citoyen Pignon, présent dans l'auditoire,
comme l'un de ces hommes qui par leurs discours
anarchiques, cherchaient à armer les citoyens les
uns contre les autres.

Pignon apostrophé voulut répliquer ; mais au
lieu de chercher à se justifier, il attaqua l'administration avec une nouvelle fureur ; il lui reprocha
de ne rien faire pour le bonheur du peuple ; il ac-
cusa les riches et les marchands d'être insensibles
à la misère du peuple et de s'engraisser de ses
sueurs. Ce langage extraordinaire dans la bouche
d'un magistrat (¹), causa une grande agitation
dans l'auditoire, et tout le conseil resta convaincu
que Pignon n'était qu'un intrigant capable de se
porter aux derniers excès.

La république avait été proclamée, teinte du
sang d'un roi faible, mais vertueux. Tous les
partis différens qui avaient contribué au renversement de l'ordre social, commençaient à s'entre-
déchirer. Lyon s'était soustrait à l'oppression ty-
rannique du parti qui dominait la Convention.
Soixante départemens menaçaient de faire de même.
Une députation de quatre commissaires envoyée
par les sections réunies de Lyon se rendit le 17 juin
à Saint-Etienne, afin de remercier ses habitans de

(¹) Il était juge au tribunal de district.

la sympathie qu'ils avaient témoignée pour la cause lyonnaise et de les disposer de plus en plus en faveur du fédéralisme. Une commission composée de députés choisis dans tous les districts du département se réunit bientôt dans le chef-lieu pour prendre des mesures de défense. Elle avait adopté la suscription suivante : *République une et indivisible, résistance à l'oppression; représentation nationale une et entière* (1). M. l'abbé Combry, curé du Chambon, auteur d'un charmant poëme, intitulé *la Capucinade*, fut nommé membre de cette commission ainsi que M. Richard, avoué, procureur de la commune de Saint-Etienne, qui en devint même le président temporaire.

L'administration départementale avait appris que les Jacobins avaient excité un soulèvement à Saint-Etienne; qu'un détachement de cinquante dragons de Lorraine, caserné dans le couvent des Capucins, avait été attaqué par le peuple; que l'autorité et la garde nationale avait eu beaucoup de peine à rétablir la tranquillité. Ces nouvelles dé-

---

(1) La plupart des historiens du siége de Lyon qui ont écrit sous les impressions de la restauration, M. Coignet, de Saint-Chamond, lui-même, auteur d'un beau poëme dithyrambique, couronné en 1825 par l'Académie de Lyon, porteraient à croire que cette ville n'avait eu en vue que le rétablissement de la royauté. Tous les actes ostensibles de l'époque prouvent jusqu'à l'évidence que la majorité des habitans de Lyon, quoique les principaux chefs eussent une arrière-pensée, ne voulait point le renversement du pouvoir établi, mais avait pris les armes pour repousser des assassins.

terminèrent l'occupation de Saint-Etienne, à cause de sa manufacture d'armes, ainsi que celle du Forez, pour l'approvisionnement de la place de Lyon, en cas de siége.

Le 9 juillet; 1200 hommes de bonne volonté partaient de Lyon pour St-Etienne, précédés de quatre pièces de campagne, pendant qu'une autre brigade de huit cents hommes se rendait à Montbrison par Duerne. Les deux députés Girondins, Biroteau et Chasset, sont à la tête de la première colonne, qui entre à Rive-de-Gier sans obstacle. Il y eut là quelques pourparlers avec le district de Saint-Etienne qui ne sympathisait pas avec la cause lyonnaise, ou peut-être qui, plus clairvoyant, craignait les conséquences d'une occupation militaire, ainsi que les chances d'une résistance au pouvoir de la Convention. Le président Trablaine, au nom de ce conseil, avait intimé à la colonne lyonnaise l'ordre de rétrograder. Le représentant Lesterpt-Beauvais, agent du gouvernement près la manufacture d'armes, et Girondin lui-même, avait été chargé de ce message. Il rapporta au district la réponse du commissaire Rousseau, par laquelle les Lyonnais protestent de leurs bonnes intentions, déclarent « ne venir que pour assurer la paix, le règne des lois, le respect aux personnes et aux propriétés, et, en cas d'aggression, rendent responsables du sang qui sera versé ceux entre les mains de qui est l'autorité. »

La colonne expéditionnaire éprouva quelque résistance d'un poste de garde nationale, à la porte de Saint-Chamond. Elle eut bientôt franchi cet obstacle et reçut un accueil empressé de la part des principales familles du pays, qui avaient gémi depuis long-temps du joug des exaltés et qui se réjouirent de la fermeture des clubs et de la fuite de leurs oppresseurs.

Le 12 juillet, les Lyonnais se dirigèrent sur Saint-Etienne où ils furent très-bien reçus par la garde nationale et par l'autorité municipale auxquelles le maire Praire-Royet savait imprimer ses convictions. Ils offrirent à cet administrateur une couronne en témoignage de son courage civil. En la recevant, M. Praire-Royet leur dit que « cette distinction honorifique le rappellerait à ses devoirs et soutiendrait son courage, si jamais il en avait besoin. »

L'abbé Guillon, dans son histoire du siége de Lyon, avait dénaturé le but et les principaux faits de cette expédition mémorable. Un des témoins principaux (1) a su rétablir la vérité. Dans son récit plein de candeur et de détails intéressans, il nous

---

(1) J.-C.-M. Puy, capitaine quartier-maître de la brigade lyonnaise. Son manuscrit avait été déposé à la bibliothèque du palais Saint-Pierre, à Lyon, mais il en fut retiré par l'auteur quelques temps avant sa mort, qui a eu lieu il y a environ trois ans, à Saint-Rémi. Deux de nos concitoyens bien connus par leur zèle pour l'histoire du pays, MM. Alphonse Peyret et Hypolite Sauzéas, avaient eu soin d'en faire une analyse qui m'a été communiquée.

montre cette brillante jeunesse lyonnaise se sou-
mettant à la discipline la plus sévère, supportant
avec la plus ferme résignation les privations les plus
cruelles ; son jeune commandant, Servan, plein de
courage, mais dépourvu des talens nécessaires à
un chef militaire. Il peint le parti anarchiste toujours remuant, toujours comprimé, mais ne se
lassant jamais d'exciter et de démoraliser les masses.
L'écrivain initie son lecteur à toutes les circonstances de l'expédition dont il faisait partie, et sème
sa narration d'anectodes de vie intérieure propres
à faire diversion au récit des événemens de la guerre
civile qui affligea notre contrée.

La nomination du général Précy au commandement de la ville de Lyon avait servi de prétexte aux agitateurs pour calomnier les Lyonnais.
Afin de repousser ces imputations, M. Praire-Royet
convoqua une assemblée où les principaux chefs de
l'expédition lyonnaise furent invités à venir rendre
compte de leur mission. Plusieurs personnes s'é-
taient successivement fait entendre, quand un jeune
homme de 21 ans, à la figure distinguée, à la voix
mâle et expressive se lève, et réclame la parole.
C'était Camille Jordan, dont l'éloquence doit un
jour vibrer avec plus de retentissement à la tribune
nationale. L'orateur rassura d'abord ceux qui
avaient conçu des craintes à l'égard du général
Précy, choisi pour chef par les patriotes lyonnais,
à cause de ses talens et de son expérience. Il en-

gagea les habitans de Saint-Etienne à mépriser les mensonges qui avaient pour but d'aigrir et de diviser les esprits ; il rappela les événemens qui venaient d'avoir lieu , les complots liberticides des sans-culottes , au 29 mai à Lyon , les attentats commis à Paris dans le sein de la représentation nationale aux 31 mai et 2 juin. Il soutient que ce n'était pas par des proscriptions que la république devait s'établir , mais par le règne des lois ; il repoussa l'accusation de royalisme intentée aux Lyonnais , qui n'avaient pris les armes que pour la défense de la liberté , et fit valoir le désintéressement de ces volontaires lyonnais qui n'avaient abandonné leurs foyers que dans le but de s'associer avec les honnêtes gens de Saint-Etienne , pour assurer la tranquillité du pays.

Cette conférence produisit un excellent effet sur la population ; les rassemblemens cessèrent , les esprits se calmèrent , les travaux interrompus reprirent leur cours , les commissions du département et du gouvernement s'entendirent pour la fabrication des armes qu'ils se partagèrent. Le bruit s'était répandu que Lyon avait accepté la constitution de 93 , et tous ceux qui étaient intéressés au bon ordre étaient disposés à adopter un point quelconque de ralliement. D'ailleurs , il existait un grand nombre d'hommes aux opinions flottantes qui tour-à-tour caressaient tous les partis. Les trois principales villes du Forez se prononcèrent donc

formellement pour la cause lyonnaise. Des volontaires se rendirent à Lyon pour contribuer au service de la garde nationale. Saint-Étienne fournit
110 hommes, Montbrison 50 et Saint-Chamond 15.

Le calme qui avait régné fut de courte durée.
Avant la solennité du 10 août (car les fédérés célébraient comme fête nationale la chute de la
royauté), un soulèvement eut lieu à St-Étienne;
des enfans déguenillés parcouraient les rues, pro-
férant des cris injurieux et des menaces de mort
contre les Lyonnais. On remarqua dans les groupes
d'ouvriers un grand nombre d'étrangers qui cherchaient à les exciter. On apprit d'un autre côté
qu'un rassemblement de paysans avait eu lieu autour de Montbrison; mais l'adjudant général Servan, aidé des capitaines d'artillerie Vaugirard et
Chappuy de Maubost, à la tête des braves Mont-
brisonnais parvint à les dissiper.

Lyon était déjà cerné du côté du midi; des troupes
détachées du corps du général Valette occupèrent
Rive-de-Gier. Servan s'y présenta aussitôt à la tête
de 100 fantassins, de 2 pièces de canon et de quelques cavaliers de la garde nationale de St-Etienne,
mais en arrivant près de Rive-de-Gier il tomba
dans une embuscade dressée par ces mêmes dra-
gons de Lorraine, qui, quelques temps auparavant, avaient failli devenir victimes de la fureur
populaire, et qui aujourd'hui combattaient leurs
bienfaiteurs. Le combat ne fut pas long; le tocsin

sonnait de toutes parts, la fusillade partait de toutes
les directions. Les Lyonnais se réfugièrent dans la
grange des Grandes-Flaches ; là ils se maintinrent
pendant cinq heures. Le vieux sergent Laferté,
chef des canonniers, était tombé sur sa pièce ; le
commandant Servan et la plupart des Lyonnais hors
de combat et les munitions épuisées, ils se rendirent comme prisonniers de guerre. Mais à quoi servait une capitulation avec des adversaires qui igno-
raient toutes les lois de la guerre? Les Lyonnais furent presque tous massacrés. Le malheureux Servan, couvert de blessures, fut transporté au camp
de la Guillotière, où le farouche Dubois-Crancé le
fit impitoyablement fusiller. Et cela se passait à peu
près dans le même temps où le général républicain
Nicolas, surpris à Saint-Anthème au milieu de ses
hussards, était conduit à Lyon avec tous les égards
dus au courage malheureux!

A la nouvelle de cet echec, la consternation fut
grande à St-Etienne. Les Lyonnais se disposèrent
à évacuer la ville. Dès le 28 août, au matin, des
groupes menaçans se formaient; la montagne Sainte-
Barbe se couronnait d'ouvriers armés ; le tocsin se
faisait déjà entendre ; plusieurs coups de feu furent tirés et des Lyonnais atteints ; des barricades
se formèrent pour couper la retraite. Tout an-
nonçait une catastrophe imminente. Le maire
Praire-Royet fit un dernier appel à la garde nationale, qui cette fois fut sourde à sa voix. Il se

démit donc de ses fonctions avec trois de ses collègues, Dervieux, Peurière et Legouvé (1).

Les Lyonnais allaient être cernés; leur chef, Rimbert, homme de résolution et d'énergie, eut bientôt fait balayer l'éminence qui domine la ville et taire le tocsin de la chapelle Sainte-Barbe; il se met à la tête de ses chasseurs du Vivarais et simule une pointe par la rue des Fossés; mais faisant prendre au gros de sa troupe, qui se composait d'environ 500 hommes, la rue du Grand-Moulin, il parvint sans aucune perte à la grande route de Montbrison. La fusillade s'établit alors avec des ouvriers postés dans les quartiers de la Pareille et

(1) Voici la lettre écrite à ce sujet en entier de la main de M. Praire-Royet :

« Citoyens, nos collègues,

Les circonstances dans lesquelles se trouve la ville de Saint-Etienne, l'égarement du peuple qui méconnait la loi de ses magistrats, qui méprise leurs arrêtés, tout nous fait un devoir de nous retirer.

Des êtres égarés ou pervers, payés peut-être par nos ennemis, pour mettre la division entre les citoyens et nous livrer ensuite aux puissances étrangères qui envahissent de toute part le territoire de la république, ont calomnié nos intentions. Ils menacent ouvertement les jours de ceux des magistrats du peuple qui étaient plus particulièrement chargés de l'administration : se soustraire aux poignards des assassins ne peut être considéré de leur part comme un acte de faiblesse lorsque la prudence l'exige.

Citoyens, nos collègues, il nous coûte infiniment de nous séparer de vous : nous désirons que vous soyez plus heureux que nous dans l'administration des intérêts d'un peuple que nous portons toujours dans notre cœur et qui, nous l'espérons, ne tardera pas à nous rendre la justice que nous n'avons jamais cessé de mériter. Daignez agréer notre démission. »

des Capucins , mais les Lyonnais une fois en rase campagne furent bientôt hors de danger. Leur artillerie fit cesser le feu des assaillans et protégea leur retraite.

Avec eux se retirèrent quelques-uns de leurs principaux partisans. L'ex-maire Praire-Royet, l'entrepreneur de la manufacture d'armes, Carrier Lathuillerie, le directeur de la condition des soies, Legouvé, le commandant de la garde nationale, Desjardins , et d'autres citoyens qui, comme eux, croyaient trouver plus loin un asile contre leurs ennemis, mais qui ne purent éviter le triste sort qui les attendait.

Après leur départ , la ville se trouva dans une position extrêmement critique. M. Just Fromage remplit provisoirement les fonctions difficiles de maire. Le conseil de district releva sa tête qu'il avait tenu baissée depuis quelques temps ; il se déclara libre et dégagé du joug de l'oppression. Il annonça que le peuple de St-Etienne , fatigué des actes de tyrannie et des vexations des Lyonnais, s'était levé avec autant de force que de dignité et qu'il s'était montré aussi terrible pendant le combat que généreux après la victoire..... Ce langage était-il celui de la conviction ou celui de la peur ? c'est ce qu'il est difficile maintenant de juger; ce qu'il y a de positif, c'est que plus tard , plusieurs membres de ce district furent poursuivis par les mêmes hommes qu'ils avaient caressés , et que l'un d'eux, le secrétaire Teyler, signataire du menaçant message envoyé aux Lyonnais, paya de sa tête son adhésion à des idées plus généreuses.

Le lendemain 29 août, un corps de plus de 3,000 hommes, infanterie, cavalerie et artillerie, ramassis d'individus d'un aspect repoussant, firent à Saint-Etienne leur entrée, qu'ils signalèrent par une décharge générale de leurs armes au milieu de la grande place, ce qui remplit la ville d'épouvante.

Cette troupe se renforça de deux pièces de canon qu'elle reçut de la ville du Puy et se mit en mesure de poursuivre les Lyonnais, qui avaient été bien accueillis à Montbrison, mais qui n'y étaient pas sans inquiétude. En effet, des détachemens partirent simultanément de Saint-Etienne et de Roanne. Dans cette dernière ville qui toutefois s'est distinguée dans ces temps orageux par la modération et l'esprit d'union de ses habitans, l'ex-comédien Dorfeuil, agent de Dubois-Crancé, avait organisé une police active qui avait des ramifications dans toute la plaine du Forez. Il avait monté l'esprit des paysans contre les Lyonnais, en leur faisant croire que ceux-ci étaient venus pour rétablir les dîmes et les censives.

Le 3 septembre, un rassemblement considérable d'Auvergnats, avant-coureurs du féroce Couthon, et de paysans de la plaine qu'on avait ameutés, se retranche sur la hauteur de Salvizinet, près de

Feurs. L'artillerie et les manœuvres bien dirigées des Lyonnais les mirent bientôt en déroute ([1]). Ce fut le dernier coup d'éclat de la brigade expéditionnaire dans le Forez.

Les Lyonnais se voyant à la veille d'être enfermés de toutes parts, se replièrent sur Lyon. Un corps des leurs qui occupait Montrond, reçut ordre d'évacuer ce château qui fut pillé et incendié par les républicains ; mais en opérant sa retraite, ce détachement tomba dans une embuscade dressée par des soldats de la légion des Allobroges, où périrent un grand nombre de Lyonnais avec leur commandant M. de Nicholaï.

10 *septembre*. Le corps principal de l'expédition, composé d'environ 800 hommes, suivi d'un grand nombre de familles foréziennes, rentra dans Lyon sans avoir retiré d'autres fruits d'une expédition si laborieuse.

Alors commencèrent dans le Forez les vexations de toute nature, les visites domiciliaires, les arrestations. Ceux qui avaient témoigné de la sympathie pour la cause lyonnaise, ou qui, par leur fortune et leur position sociale, pouvaient exciter quelque envie, éprouvèrent toutes sortes de persécutions. On brûla tous les titres féodaux, tout ce qui pouvait rappeler le souvenir de la royauté,

---

([1]) Voyez les détails de cette affaire dans l'ouvrage de M. d'Assier, intitulé : *Notes historiques et Pièces relatives au Monument religieux élevé à Feurs aux victimes de l'anarchie de* 1793.

tous les vieux papiers ; les anciennes archives furent enveloppées dans la même destruction, ce qui sera long-temps le désespoir des historiens et des littérateurs.

Les hommes valides et capables de porter les armes furent requis de marcher contre Lyon, et pendant qu'une partie de la garde nationale se trouve renfermée dans cette malheureuse ville, et coopère courageusement à sa défense, le reste est obligé de prendre le parti contraire. On vit le frère combattre contre le frère, l'ami contre l'ami, et peut-être le plomb mal dirigé d'un fils vint-il frapper la tête chauve du père. En vain quelques-uns voulurent-ils se soustraire à cette position cruelle. Un arrêté du 27 septembre les force à marcher sous peine d'être regardés comme complices de la rebellion lyonnaise ; enjoignant aux municipalités de faire arrêter tous les *Messieurs* retardataires et de faire sequestrer leurs propriétés. Des citoyennes se présentèrent alors pour faire le service de la garde nationale, armées de piques. La municipalité se borna à les remercier, se réservant au besoin le concours de cet étrange auxiliaire.

Le 10 octobre on apprit à Saint-Etienne la nouvelle de la prise de la ville de Lyon. Les différentes autorités se réunirent dans le local des ci-devant Pénitens, où l'on réinstalla la société populaire. Des discours civiques furent prononcés ; on chanta des hymnes à la liberté et à l'égalité et les citoyens se donnèrent l'accolade fraternelle, jurant haine aux tyrans et paix aux sans-culottes. On planta en même temps un arbre de la liberté sur la grande place et l'on envoya des lettres de félicitation aux représentans vainqueurs de Lyon.

A cette époque parut à Saint-Etienne un homme étranger à cette cité, mais qui y a acquis une triste célébrité. Issu d'une famille honorable de Bellegarde et avocat à Montbrison, Claude Javogues avait passé les plus belles années de sa vie dans le plus honteux abrutissement ; devenu méprisable aux honnêtes gens, il fut élu représentant à cause de l'exagération de ses opinions politiques. Envoyé par la convention au siége de Lyon, et après la reddition de cette place dans le Forez, il remplit son mandat avec ce brutal plaisir qui pousse au mal sans nécessité. «Il agit aussi, dit M. d'Assier, par la haine personnelle que son amour-propre blessé par quelques prétentions malheureuses lui avait inspiré contre la classe supérieure, principalement celle de Montbrison qu'il décima avec fureur. »

Le 22 octobre, Javogues et son collègue Bassal firent leur entrée à Saint-Etienne, qu'ils signalèrent par l'épuration des membres des différentes administrations. La municipalité reçut à sa tête un nommé Johannot, protestant, natif d'Annonay, et dont la fin malheureuse ne peut faire oublier les excès. L'architecte Misson fut nommé président du district et toutes les administrations se complétèrent de démagogues les plus exaltés.

Ici se déroule une série d'événemens déplorables. Des hommes vomis par les clubs viennent porter le deuil et la désolation dans nos familles ; c'est le règne de la plus rigoureuse inquisition. Le fougueux Pignon, le brutal Reynard, le superstitieux Ponceton et d'autres hommes aussi nuls par leurs talens que redoutables par leurs excès, sont les acteurs de ce drame mémorable. On vit même, faut-il tout dire, des membres de l'administration se rendre coupables des plus basses exactions. Une jeune fille que Javogues avait appelée auprès de lui, quoique ce monstre n'eut d'autres penchans que ceux du sang et du vin, joue même un rôle intéressant dans cette scène terrible. Elle a le bonheur de lui arracher quelques victimes, et le souvenir de sa bonne action doit faire oublier son avilissement.

Il faut dire ici à la louange de la population stéphanoise, qu'elle ne put voir avec plaisir la plantation de l'échafaud sur la grande place ; au dégoût que le peuple exprima, Javogues s'empressa de faire transférer à Feurs l'instrument du supplice.

Saint-Etienne a pris successivement les noms d'Armeville et de Commune d'Armes. Tout reçoit également des noms de circonstance. Ici c'est la rue des Spartiates, des Sans-Culottes ; là la place Brutus, de l'Egalité ; plus loin le Mont-Libre, etc.

Ceux-ci se font appeler Pédarcte, Bias, Démophile, etc.; ceux-là se coiffent du bonnet rouge ou à queue de renard et laissent traîner un long sabre. Une espèce de vertige s'est emparée des esprits; on veut détruire tout ce qui existe. Un nouveau calendrier dut remplacer l'ancien (1).

Le décret du 22 brumaire an II (12 novembre 1793) avait créé le département de la Loire démembré de celui de Rhône-et-Loire. Feurs, par sa position centrale, fut choisi pour recevoir l'administration du département et le tribunal révolutionnaire.

(1) L'année fut divisée en douze mois de 30 jours et 5 jours complémentaires, ou *sans-culottids*, consacrés au génie, au travail, aux actions, aux récompenses, à l'opinion. Le bissexte fut appelé Jour de la Révolution. Chaque mois comprenait trois décades, dont chaque jour prenait le nom de son rang d'ordre. Le décadi était le jour du repos.

Cette institution a été réprouvée à cause de l'époque où elle fut formée et des hommes qui y avaient contribué, mais elle était au nombre des bonnes institutions que nous devions à la révolution et méritait de la part du législateur un plus mûr examen. Napoléon, par son décret du 22 fructidor an XIII, l'a sacrifiée à quelques exigences. Il est cependant à désirer qu'un gouvernement plus éclairé sur cette matière, tout en respectant les idées religieuses, comprenne qu'il est temps de réformer le calendrier, pour faire disparaître l'inégalité bizarre des mois, faire correspondre l'année usuelle avec le cours du soleil, et enfin de mettre en rapport le temps avec le système décimal. C'est à un homme comme M. Arago, aussi bien placé par le rang qu'il occupe à la chambre que par celui qu'il a acquis dans la science, sans s'arrêter aux motifs exprimés par le célèbre Laplace, qu'il appartient de poursuivre le travail du savant Romme et de provoquer cette amélioration utile.

Les arrêtés des différentes administrations se signalèrent alors par la bizarrerie et l'exagération de leurs arrêtés. En voici un exemple, en date du 8 nivôse an II (28 décembre), que nous offre le district de St-Etienne : «Considérant que le luxe des jardins où l'art étouffe la nature, proscrit les productions utiles et précieuses, pour couvrir de fleurs stériles une terre qui prodigue à regret ses sucs nourriciers pour des plantes qui ne sont consacrées qu'à caresser voluptueusement, par la douce odeur qu'elles exhalent, les sens blasés du riche ;

Que le républicain ne doit avoir d'autres jardins que ceux de la nature ;

Il est enjoint à tous ceux qui sont propriétaires de parterres, de jardins, etc., d'y semer du blé de mars. »

En voici un autre exemple :

« Citoyens, la municipalité voit avec douleur que la loi bienfaisante du *maximum* est éludée avec l'impudeur la plus révoltante, que l'égoisme et l'insatiable cupidité des marchands semblent se coaliser avec les ennemis du peuple, etc. »

Autre part, à l'occasion des fêtes décadaires :

« Déjà la malveillance et le fanatisme, pour détourner l'heureux effet de l'invitation des magistrats du peuple, ont osé répandre qu'il était permis à chacun de travailler aujourd'hui : ce sont des serpens dont le dard empoisonné ne saurait ternir le miroir pur de la vérité. Périssent tous les tyrans, tous les

rois , infâmes agioteurs de la liberté des peuples ,
etc. »

Le papier-monnaie avait un cours forcé. Mal-
heur à celui qui oserait le refuser en paiement.
La religion de nos pères est profanée, un culte
dérisoire est mis à la place. Une oriflamme tricolore se déploie sur nos temples et une inscription gravée sur le frontispice de Notre-Dame annonce que maintenant là est le temple de la raison.
L'église de Saint-Etienne est transformée en ateliers où se forgent les armes :

> . . . . . Et sous ces voûtes nues,
> Au lieu de chants pieux qui montaient jusqu'aux nues ,
> On entendait les sons cadensés des marteaux (¹).

Ce fut alors que l'on établit à St-Etienne cette longue suite de maisons qui commençaient aux Limeries
et prirent le nom de *Travaux révolutionnaires*. La
fabrication des armes de guerre avait pris à cette époque un grand développement. L'arme de commerce
fut entièrement abandonnée, dit l'auteur de la
Statistique Industrielle; tous les ouvriers sans distinction furent enrôlés par les divers représentans
qui vinrent à Saint-Etienne pour accélérer les travaux de la manufacture. Beaucoup de jeunes
gens de famille se livrèrent au travail du fer dans les
ateliers de la manufacture d'armes , ce qui leur
procura un asile souvent plus sûr que celui que

(¹) Alphonse Peyret , Revue de Saint-Etienne , 2me livraison.

7

d'autres avaient cru chercher dans des retraites profondes et dans le sein des armées.

Javogues était de retour à Saint-Etienne de sa tournée patriotique, qui avait pour but, disait-il, d'assurer le bonheur du peuple et l'extinction du fanatisme. Il venait d'activer les exécutions de Feurs et de Lyon. Il arriva ici pour célébrer le triomphe de la Montagne, l'apothéose de Chalier. Il offrit en spectacle au peuple la profanation des vases sacrés, la procession des ânes revêtus de chasubles et d'ornemens sacerdotaux, la parodie du supplice des rois. Il établit la taxe des riches. Heureux celui qui a pu fuir, qui a pu trouver un asile chez les habitans hospitaliers de Pila et des montagnes voisines ; car pour tout homme inscrit sur la liste des modérés, des suspects et des conspirateurs, la hache et la fusillade sont à l'ordre du jour.

Voici comment l'abbé Baudin décrit cette époque de déplorable mémoire :

La mort se parmenave dzin lous departamonts,
Vous ne véit que song, pleurs et ontarramonts.
Quai bourrai députat, aï sous commissairous ;
Que ne seguiant que trop sous ordres sanguinairous ;
Lous prêtres et lous noblous, lous marchands in pô bion,
Firount quasi tous prey, par péri tous onsion.
Ey se galayant pas incoure à lous jugie,
Dret quey l'eriant dedzin, vous failli délougie ;
Noun par alla chié set, mâ à la fusillada,
Ou à la guilloutzina, ou bon la canounada.
Si vous saya ce que se passet vay Lyoun,
Vay Marseille et Bourdau, Nantes, Feurs, Avignourt ;

Ey fasiant egourgie lou moundou par sontennes ,
Sans faire aucuna graci aux efans et les fennes.
Ey l'oriant miô ama, iquelou que l'an veu ,
Avouay de loups-garous habita dzin zin beu (1).

Saint-Étienne perdit alors plusieurs de ses meilleurs citoyens : l'ancien maire , Praire-Royet, une
des 209 victimes canonnées aux Brotteaux. Com-
parable au courageux Bailly, cet administrateur
généreux, scella de son sang le respect qu'il avait
eu pour la loi ; il marcha au supplice avec cette
sérénité qui est l'apanage d'une ame fortement
trempée et d'une conscience pure. En vain un de
ses collègues à la municipalité, avec lequel il y
avait eu promesse de secours mutuel, le vit passer

(1) J'ai essayé de traduire ce passage, ainsi qu'il suit :

La mort se promenait dans les départemens ,
Partout du sang, des pleurs et des gémissemens.
Un député bourreau, suivi d'affreux séides ,
Dictait à son pays ses ordres parricides.
Prêtres, nobles, marchands enchaînés à sa voix ,
Jugés en même temps, périssent à la fois.
Point d'espoir, point de droit, nulle forme légale,
Il n'y a qu'un seul arrêt : la peine capitale !
Javogue est dans le vin, qu pourrait le fléchir ?
Aussitôt on est pris, hélas ! il faut partir ;
Non pas pour ses foyers, mais pour la fusillade ,
Ici pour l'échafaud, là pour la canonnade.
Liberté, que d'horreurs on commet en ton nom !
Que de sang répandu dans Feurs et dans Lyon !
Le fer, le plomb, la hache avec la même rage
Frappent sans distinction de rang, de sexe et d'âge.
Innocentes brebis, autant valait pour vous,
Habiter les forêts, les tannières des loups.

au milieu du funèbre cortége, à son sourire d'adieu, l'insensible jacobin ne répondit pas même par une larme. Près de lui tomba son jeune frère , Praire-Nézieux, chef de bataillon de la garde nationale, et que les démarches et les larmes de sa belle et intéressante épouse ne purent sauver. Avec eux périrent des ecclésiastiques , des juges , des négocians, des nobles, des militaires, des ouvriers , enfin des personnes de tout rang, de tout sexe et de tout âge. St-Etienne compta plus de trente victimes parmi ses citoyens les plus recommandables.

Un jour viendra peut-être qu'à l'exemple des meilleurs écrivains de l'école moderne , un historien de la localité pour se frayer une route nouvelle, cherchera à pallier les excès révolutionnaires, fera de véritables héros, ou des hommes de génie de ces niveleurs sanguinaires , pâles copies des Danton et des Camille Desmoulins, leur prêtera une parole noble et touchante; mais quelque soit le charme de son style, il ne prouvera jamais que la mort des Praire , des Vincent, des Detours fut nécessaire au bonheur de la cité, que les Javogue, les Pignon, les Johannot et d'autres soi-disant patriotes, furent des républicains justes et consciencieux.

Primidi, deuxième décade de ventôse an II (1er mars 1794), le représentant Méaule vint à Saint-Etienne épurer la municipalité. Le renouvellement se fit en séance de la société populaire. Tous

les membres du conseil passèrent à la censure.
M. Just Fromage fut désigné maire. Sous son administration les terroristes commencèrent à perdre
de leur influence. Pignon, le plus chaud des républicains, le premier de la république, comme l'ap-
pelait un de ses partisans, fut même poursuivi, et
l'officier municipal Fauriel en quitta son écharpe
de dépit. Ce dernier (¹), qui s'est acquis un nom
célèbre dans les lettres, avait alors des opinions
très-exaltées. Elevé par M. Dagier, procureur de
la commune en 1792 (²), il se trouva constamment
en opposition avec son maître, homme extrêmement
modéré.

Nous arrivons au 9 thermidor an II (27 *juillet* 1794), à la chute de Robespierre et des tyrans
qui opprimaient la France. Les différentes administrations de la ville de Saint-Etienne commençaient à être purgées de tous ces hommes qui l'a-
vaient pressurée. Le 14 frimaire an III (4 *décembre* 1794), M. Maurice Prandière remplit les fonctions de maire, et après lui, le 24 nivôse suivant
(13 *janvier* 1795), M. Peyret-Boucharlat fut nommé
à sa place, mais il n'accepta pas.

Déjà à cette époque le directoire du district avait
pour président M. Royet-Chapelon, homme res-

(¹) Auteur de l'Histoire de la Gaule Méridionale et d'autres ouvrages
pleins de mérite.

(²) Depuis juge à Montbrison, et auteur de l'Histoire des Hôpitaux de
Lyon.

pecté de tous les partis et qui avait eu le bonheur
de passer, sans être inquiété, les époques les plus
orageuses de la révolution.

Le 1er ventôse an III (19 *février* 1798) eut
lieu le renouvellement complet du conseil municipal. M. Chovet-Lachance fut nommé maire et
M. Courbon-Monviol, agent national. Le politique
avait pris une nouvelle physionomie. Les prisons avaient été ouvertes à un grand nombre de détenus. Ceux-ci, amenés en séance du conseil municipal, avaient été reçus au milieu des plus vifs
applaudissemens. Les terroristes les plus exaltés
étaient eux-mêmes poursuivis, et plusieurs avaient
été à leur tour incarcérés. Une fête funéraire eut
lieu en mémoire de toutes les victimes de l'anarchie. Un éloge de M. Praire fut prononcé par son
digne successeur, qui déposa sur le bureau une couronne avec cette inscription :

AU MAIRE PRAIRE-ROYET ET AUX AUTRES CITOYENS,
MORTS VICTIMES DE LEUR DÉVOUEMENT.
LA COMMUNE DE SAINT-ETIENNE RECONNAISSANTE!

Loin de moi cependant la pensée de vouloir chercher à justifier les excès qui précédèrent ou suivirent
de près ces manifestations de douleur publique. Les
attentats de cette époque à laquelle on a donné
le nom de réaction, ne sont pas plus excusables
que les fusillades et les canonnades décrétées par
les tribunaux révolutionnaires. L'assassinat, de
quelque parti qu'il vienne, sera toujours un acte
odieux,

Saint-Etienne devint le théâtre de nombreuses scènes sanglantes. Dans la nuit du 17 au 18 floréal an III (6 au 7 *mai* 1795), l'ex-maire Johannot fut tué d'un coup de pistolet pendant qu'on le transférait dans les prisons. Le 14 prairial suivant (2 juin), Robert, dit *là Guille*, ancien membre du comité révolutionnaire, éprouva le même sort, et la nuit suivante douze individus furent égorgés au *Treuil*, dans le transfert de la prison à Feurs.

L'administration témoigna à ses concitoyens toute la douleur que lui causaient des actes aussi condamnables. Les représentans du peuple Bonet et Patrin, justement indignés, donnèrent l'ordre d'en poursuivre les auteurs. L'instruction, renvoyée au tribunal de Privas, se termina plus tard par l'acquittement des prévenus (¹).

La constitution de l'an III venait d'être proclamée. Le pouvoir législatif devait résider dans le conseil des cinq cents et dans celui des anciens. MM. Chovet-Lachance et M. Beraud furent élus par les électeurs choisis dans les assemblées primaires.

Les mœurs commençarent à s'adoucir. Une pétition revêtue d'un grand nombre de signatures, fut rédigée à l'effet de rendre au culte l'église de Saint-Etienne ; le conseil municipal la prit en considération et fit démolir les forges qui s'y trouvaient placées.

(¹) 28 messidor an VII (15 *juillet* 1799.)

Le 17 pluviôse an IV (16 *février* 1796) , l'administration reçut une nouvelle forme ; M. Sauvage en devint le président. La fête du 10 août ne fut point célébrée, et des individus chantant l'*Hymne du Réveil du Peuple* , furent incarcérés. Le zèle pour le service de la garde nationale commençait à s'attiédir. La lutte continuait toujours entre les deux partis avec des chances alternatives, suivant les nouvelles reçues de Paris.

Le 28 ventôse an V (14 *mars* 1797) , sous la triste administration du président provisoire Misson, le meurtre d'un volontaire amena une scène des plus déplorables chez un cabaretier de la rue Saint-Jean , Verrier , dit *Bannar*, ancien membre du comité révolutionnaire. Plusieurs individus furent tués. L'officier municipal Maury fut au nombre des victimes.

Le 9 thermidor an V (27 *juillet* 1797), M. Neyron est nommé président; mais la journée du 18 fructidor avait abattu les partisans de la contre-révolution ; les royalistes cédèrent partout la place aux républicains. Le 29 brumaire an VI (19 *novembre* 1797), l'administration se composa de Jean-Baptiste Bonnand , président, Serre , Brunon , Chazotte , conseillers-municipaux , et Ricateau , médecin , agent national. Saint - Etienne éprouva à cette époque beaucoup d'agitation. Les membres du conseil trouvèrent peu de sympathie dans la population ; leur président n'avait pas su se concilier la considération des partis ; il fut en butte à toutes sortes de sarcasmes et d'outrages. Des matières incendiaires furent jetées dans les caves et occasionèrent de violentes explosions. Le 8 germinal an VI (28 *mars* 1798), Saint-Etienne et ses faubourgs furent déclarés en état de siége. Des arrestations furent opérées contre des hommes soupçonnés de faire partie des associations de Jésus et du Soleil. On célèbra cette année le 18 fructi- dor, comme triomphe de la liberté sur l'anarchie, le 10 août comme fête nationale, et l'on planta à cette occasion un arbre de la liberté sur la place Chavanel.

Le 5ᵉ jour complémentaire de l'an VI (21 *sep- tembre* 1798), M. Serre fut nommé président et après lui MM. Jamin et Lardon occupèrent le fau- teuil jusqu'à la chute du directoire, au 18 bru- maire an VIII (9 *novembre* 1799), où Bonaparte étouffa la république.

Le 27 messidor suivant (16 *juillet* 1800), M. S. Thiolière-Dutreuil fut placé à la tête de l'adminis- tration, et après lui MM. Louis Craponne et Ga- briel Fyard, qui fermèrent les dernières plaies de l'anarchie et remplirent successivement les fonctions de maire pendant tout l'espace qui s'écoula du consulat à l'empire (1).

(1) Depuis 1796 jusqu'en 1800, l'administration communale se com- posait d'un président, d'un commissaire du directoire exécutif, qui rem- plissait les fonctions de procureur de la commune ou d'agent national, d'un secrétaire et de plusieurs administrateurs municipaux.

La France avait résisté avec gloire à l'Europe coalisée. De nombreux enfans de Saint-Etienne s'étaient acquis, comme avaient fait leurs pères (1), une part d'honneur dans la lutte nationale. Plusieurs s'étaient élevés à des grades plus ou moins éminens. Parmi eux, on a cité les généraux Grézieux et Chapuis. Le premier, après s'être distingué aux combats de Thuir et du Maz de Serre, mourut adjudant-général à Jaffa. Le second, de simple soldat, parvint successivement au commandement de la ville de Nantes et plus tard fut promu au poste de chef d'état-major de la place de Turin.

Le commerce et l'industrie avaient été paralysés par l'interruption des communications avec l'étranger, et par les dissentions intestines; Bonaparte, en s'emparant des rênes du gouvernement, domina tous les partis et fit renaître la confiance.

La physionomie de Saint-Etienne était devenue plus animée depuis les différens traités avec les puissances européennes : si la fabrication des armes de guerre continuait encore à occuper une partie de sa population, la quincaillerie et les armes de luxe n'en reprirent pas moins une grande activité. L'industrie des rubans surtout se releva, et grandit à mesure que les dernières traces des discordes publiques s'effacèrent.

Les administrations civiles et communales se res-

(2) M. Alex. Mazas rapporte dans son cours d'Histoire de France qu'à la nouvelle de l'envahissement du sol français par l'ennemi, sous Louis XIV, les ouvriers de la manufacture d'armes de Saint-Etienne quittèrent leurs ateliers pour aller combattre à Denain, où ils se firent remarquer par leur intrépidité.

sentaient de la marche assurée du pouvoir. Les départemens avaient à leur tête des préfets qui veillaient à l'exécution des lois. L'Etat trouva en eux des intermédiaires dévoués. M. Imbert, ancien membre du Conseil des Cinq-Cents, avait été installé dès la création des préfectures dans le chef-lieu à Montbrison. Il a laissé la réputation d'un administrateur éclairé et plein de zèle (1). M. Sauzéas, membre du même conseil, fut institué sous-préfet de Saint-Etienne.

L'administration communale s'occupait exclusivement d'intérêts de localité. Les divisions intérieures commençaient à disparaître. De 1802 à 1803 plusieurs rapports furent présentés dans le sein du conseil municipal, ayant pour objet la recherche des moyens de payer les dettes de la commune, la réparation des fontaines, la fermeture des cimetières intérieurs, la construction de ponts et de quais sur le nouveau lit de Furens, l'établissement de promenades publiques le long de cette rivière.

Le tribunal civil de l'arrondissement avait été rétabli. M. Claude Guerin en fut le président et M. Jean-Baptiste Lardon, commissaire du gouvernement.

1804.—Saint-Etienne avait salué avec enthousiasme l'avènement de Napoléon. Le commandant de la garde nationale de cette ville, M. Jourjon-Robert, fut envoyé pour assister au couronnement de l'empereur.

---

(1) Ce fut lui qui fit publier des tables de comparaison entre les anciennes mesures de la Loire et celles qui les remplacent dans le nouveau système métrique : travail ingrat, mais intéressant, qu'a continué de nos jours M. Godefin, géomètre en chef du cadastre, dans un tableau très-ingénieux, pour la partie des mesures agraires.

L'administration municipale se composait alors de M. Gabriel Fyard, ancien officier d'artillerie, maire, et de MM. Michel Piégay et S. Thiolière-Dutreuil, adjoints, qui s'occupèrent activement de liquider un arriéré de dettes assez considérable. Les ressources de la commune étaient à cette époque très-bornées. En 1803, ses dépenses s'étant élevées à 53,000 fr. et ses revenus n'ayant été que de. . . . . 48,202 fr., il y eut un déficit de. . . . . 4,798 qu'il fallut combler par la vente de quelques propriétés de la ville.

L'octroi municipal avait été établi. Mis d'abord en régie, il fut ensuite affermé. Il rapporta la même année 57,675 fr.; mais en 1804, les revenus augmentèrent sensiblement, l'octroi seul figura pour une somme double de celle de l'année précédente. Cet accroissement était dû à l'activité des travaux dans les diverses branches de l'industrie et aux soins de l'administration.

A cette époque, la ville s'étendait d'orient en occident sur une longueur de 15 à 1,800 mètres, mais n'en comprenait pas plus de 400 du nord au midi, ayant même à l'une de ses extrémités, la rue Saint-André, longue d'environ 150 mètres, qui n'avait des maisons que d'un seul côté. La vente des propriétés de main-morte, principalement des couvens de Sainte-Catherine et des Minimes, et le développement du commerce, donnèrent lieu à la construction de nouvelles maisons. La ville comptait alors environ 18,000 habitans *intrà-muros* et près de 1,200 maisons. La population qui avait décru pendant les années 1792 et suivantes, s'était augmentée successivement et avait atteint de nouveau le chiffre qu'elle possédait avant la révolution (1).

Le culte était entièrement rétabli. M. Cholleton, 55ᵉ curé de Saint-Etienne avait remplacé M. Sonier-Dulac, qui avait heureusement traversé toute l'époque révolutionnaire ; mais bientôt nommé grand-vicaire du diocèse de Lyon, il eut pour successeur, M. Piron, originaire de Saint-Just-en-Bas. M. Caillé, 9ᵉ curé de Notre-Dame, fut nommé en remplacement de M. Thiolière, appelé au poste de Saint-Pierre de Lyon.

Les deux églises paroissiales n'avaient pas suffi à l'affluence des fidèles, une succursale avait été établie depuis 1802 à Saint-Ennemond, où siégera longtemps le bon et vénérable abbé Peurière. Une deuxième succursale fut aussi créée. Ce fut celle de Sainte-Marie, desservie par M. Recorbet, ancien supé-

(1) Si l'on remonte aux temps intérieurs, il est assez difficile d'expliquer les motifs pour lesquels la ville qui était enceinte de murailles, avait un mandement ou territoire de si peu d'étendue, tandis que ceux de Montaud, Outrefureus, Valbenoite, la Métare et Furet-la-Valette, qui n'avaient pour chefs-lieux que des hameaux, embrassaient un espace beaucoup plus considérable.

Dès que la ville, originairement bornée à un espace d'environ 3 hectares, prit de l'accroissement, elle dût d'abord s'étendre du côté de l'occident, sur le territoire de Montaud, qui arrivait à 150 mètres des murs ; plus tard la ville s'accrut vers l'orient, alors elle s'étendit sur le territoire d'Outrefureus qui n'en était éloigné que d'environ 275 mètres.

Au commencement de la révolution, le territoire de Saint-Etienne était borné à l'occident par le ruisseau des villes, c'est-à-dire que la place Roannel, le quartier Polignay et des Capucins, celui de la Pareille et des Beaumes faisaient partie du territoire de Montaud. A cette époque la ville n'était traversée que par une seule grande route, celle de Lyon au Puy avec embranchement sur Montbrison.

rieur du petit séminaire de l'Argentière, depuis grand vicaire à Lyon (1).

(1) Les noms des hommes qui, pendant cinq siècles, ont successivement occupé la chaire évangilique de cette cité, et qui souvent tiennent un rang honorable dans son histoire, ne peuvent être passés sous silence. En voici la liste aussi exacte que les documens existans ont pu le permettre :

EGLISE DE SAINT-ETIENNE, PAROISSE EN 1195.

AN.		AN.	
1296. Denis Colomb,	1er curé.	tonotaire apostolique, etc.	22e curé.
1340. Josserand Durgel,	2e		
1384. Mathieu Deville,	3e	1655. Barthélémy Laverchère de St-Bonnet-le-Château,	23e
1407. Barthélémy Poncelon,	4e		
1460. Ant. Blein aîné,	5e	1660. Claude Bernou de Saint-Etienne.	24e
1472. Mathieu Blein son frère,	6e		
1504. Ant. Blein jeune,	7e	1661. Vincent Craponne de St-Etienne. Pierre Chabanne de Périgneux, *(Ex equo.)*	25e
1518. Jacq. de St-Priest, chanoine et comte de Lyon,	8e		
1537. Ant. de St-Priest neveu,	9e		
1540. Pierre de Saint-Priest son frère,	10e	1664. Guy Colombet de St-Amour, le bienfaiteur des hospices,	26e
1542. Jean Accarie,	11e		
1555. Jean Accarie nev.,	12e		
1564. Léonard Jaunier, théologien docteur forézien,	13e	1708. Laurent Boyer, ancien curé de Montbrison,	27e
1575. Antoine Gery,	14e	1729. Veuillard de St-Nizier,	28e
1580. Mathieu Catin,	15e		
1587. Pierre Harenc de la Condamine,	16e	1732. Pierre Thevenet de Lyon,	29e
1588. Pierre Coram,	17e	1738. Jean Ducros de Castres,	30e
1598. Antoine de Moravilliers, religieux de Saint-Augustin,	18e	1754. Jacques Turgés de Roanne, curé des deux paroisses, en 1756,	31e
1628. Claude Marest,	19e		
1632. Léonard Chovin de Besset, premier curé stéphanois,	20e	1761. Pierre-Raphël Sonier-Dulac, curé des deux paroisses, en 1763,	32
1638. Jacques Toisat, d'Orcival, en Auvergne,	21e	1803. Cholleton,	33e
		1805. Piron,	34e
		1824. Desheures,	35e
1644. François Romani, provençal, pro-		1835. Froget,	36e

Sous M. Fyard eurent lieu divers établissemens qui prouvent son zèle pour la chose publique. Dès 1805, une chambre consultative des manufactures, dont les attributions sont d'éclairer le gouvernement sur les intérêts industriels de la localité, fut instituée. D'autre part, des écoles primaires dirigées par des Frères de l'Ecole Chrétienne, pour l'instruction de la classe ouvrière, ensuite des écoles secondaires pour les enfans dont les études ont été déjà ébauchées, une classe gratuite de dessin, dont le professeur est salarié par la ville, enfin, un collège communal dont l'autorisation a lieu par décret du 25 mai 1806. C'est à cet administrateur que l'on doit aussi la construction d'égoûts dans plusieurs des nouvelles rues. St-Etienne est peut-être la seule grande cité en France qui possède un réseau complet d'égoûts dans toutes ses rues (1).

M. Gabriel Fyard décéda au Cluzel, maison de campagne, près de Saint-Etienne, le 23 février 1807. Le Conseil municipal, par des honneurs funèbres, rendit hommage à la mémoire d'un magistrat qui avait dirigé l'administration avec autant de lumières que de zèle et de fermeté.

Après lui, M. François Jourjon-Robert fut placé à la tête de l'administration, où il se fit aimer par ses formes agréables et son affabilité. En 1808, out lieu

---

(1) Les anciennes rues aboutissant au Furens versaient leurs eaux dans un égoût public dont l'origine remonte à une époque reculée; il est reconnu par des anciens titres que jadis, lorsqu'un propriétaire voulait prendre issue dans un conduit commun, il était obligé d'en demander la permission au seigneur qui l'accordait moyennant un écu et à condition que les frais seraient à la charge du demandeur : l'entretien général étant supporté par tous les intéressés.

la translation, dans la maison que la ville possédait rue de Roanne, des bureaux de la mairie qui existaient depuis 1791 dans l'ancien couvent des Minimes. Ceux de la sous-préfecture se trouvaient déjà installés dans une partie de la même maison. A partir de cette époque, la ville s'est portée hors de son enceinte primitive. L'ancienne cité tendra chaque jour à s'effacer.

Vers le commencement de 1809, eut lieu la création d'un journal à Saint-Etienne (1). L'avocat Berger fit paraître une feuille hebdomadaire qui satisfaisait alors à toutes les exigences de la localité. Elle contenait les nouvelles de la semaine, un article littéraire, ou un conte moral et philosophique, quelquefois une pièce de vers, voire même un logogriphe, une charade ou une énigme que les œdipes du café Thiolier se plaisaient à déchiffrer. Mais la principale matière du journal était la réunion de toutes les annonces judiciaires. Cet avantage ne fut pas assez important pour faire la fortune du rédacteur. Après lui le sieur Boyer, dont l'imprimerie avait été établie en 1790, continua la seule publication des annonces sous le titre de *Journal de l'arrondissement de Saint-Etienne.*

Cette même année, MM. Dervieux et Piaud obtinrent un brevet d'invention pour une machine propre à fabriquer le fond de dentelles (2) ; il est malheureux

(1) Déjà en 1791, M. Etienne Dagier avait fait paraître quelques feuilles intitulées : *Journal du District.*

(2) Le premier brevet d'invention délivré à l'industrie stéphanoise est du 13 février 1792, en faveur du sieur Javelle, contrôleur des armes à Saint-Etienne, pour une machine propre à polir et achever entièrement les canons de fusil.

Il est à remarquer que depuis le commencement de l'institution des que cette industrie n'ait pas pris à Saint-Etienne le développement dont elle était susceptible. L'établissement qui fut créé au bas des Roches sur la rivière de Furens, fut plus tard abandonné. On assure que l'abbé Sauzéas avait déjà inventé un métier pour le même objet.

M. Jourjon exécuta plusieurs des projets que ses prédécesseurs avaient conçus et préparés : l'organisation de la voirie et des gardes-pompiers, la continuation des travaux pour les aqueducs et fontaines, la réparation des routes, les plantations de la place Marengo, l'organisation définitive du collége dans l'ancien couvent des Minimes, la couverture de quelques points du Furens, enfin, la construction d'une salle de spectacle élevée par les soins de M. Réocreux (1). Le journal de l'époque raconte que les acteurs débutèrent par une comédie, un opéra et un ballet. Malheureusement l'orchestre n'était composé que d'un seul violon gagiste; les amateurs de la ville, assez nombreux, vinrent seconder de leurs talens les efforts des artistes. Le directeur fit si bien ses affaires qu'en peu de temps il acquit une fortune considérable.

A cette époque, était préfet à Montbrison, M. Du-

brevets d'invention jusqu'en 1829, il n'en a pas été délivré à Saint-Etienne plus de 30, tandis que dans les 10 dernières années on en a compté plus du double. Voyez la statistique industrielle de M. A. Peyret, page 190, et le *Bulletin Industriel*, tomes 8, 9, 11 et 17.

(1) La première salle de spectacle élevée à Saint-Etienne fut une barraque en planche, construite en 1765, sur la place Chavanelle. Deux années après un théâtre fut établi par M. Blanc, rue Neuve, où des représentations eurent lieu jusqu'en 1789. En 1796, une troupe ambulante donna des représentations dans un emplacement que possédait M. Molle, rue de Roanne.

colombier, qui fit imprimer un annuaire du département de la Loire, où l'on trouve les premiers renseignemens statistiques sur le commerce et l'industrie de Saint-Etienne.

Le 15 juin 1810, M. Antoine Neyron fut appelé à remplir les fonctions de maire. En 1811, eut lieu l'établissement du Conseil des Prud'hommes, dont M. Peyret-Boucharlat fut le premier président. L'année suivante arriva un événement heureusement rare dans les annales de notre cité. Un misérable, coupable de vol, d'assassinat et d'incendie, fut guillotiné sur la place Chavanelle. La vue de cet instrument qui avait servi, il y avait peu d'années, à consommer d'odieux attentats, réveilla de tristes souvenirs dans l'ame de nos concitoyens : c'est la seule exécution à mort qui ait eut lieu à Saint-Etienne depuis 1789. Il ne s'ensuit pas que les crimes y soient moins fréquens qu'ailleurs, bien que les habitans du pays aient des mœurs douces et un caractère pacifique; c'est sans doute le résultat du grand nombre d'individus étrangers qui viennent y chercher du travail et n'y trouvent pas toujours des ressources pour vivre, eux et leurs familles (1).

Le 10 août 1815, M. Antoine Pascal, appelé à remplir les fonctions de maire, se dévoua avec beaucoup de zèle à l'administration de la ville. Cette année la misère fut excessive, à la suite de la cherté des grains et des charges énormes qu'avait imposé le régime impérial. Toutes les branches d'industrie, à part la fabrication des armes de guerre, étaient en souffrance.

(1) Voyez la statistique criminelle du département de la Loire, par M. Smith, procureur du roi à Saint-Etienne. Bulletin, tome 10, page 201.

1814. — Les armées étrangères avaient envahi le sol français. Le 24 mars de cette année, un corps de près de cinq mille hommes, infanterie, cavalerie et artillerie, sous le commandement du prince Ferdinand de Saxe-Cobourg (père de la duchesse de Nemours), vint de Lyon pour occuper Saint-Etienne qui devenait un point important à cause de la manufacture d'armes. Tous les employés du gouvernement, un corps de l'armée des Alpes qui était stationné dans cette ville, les officiers d'artillerie et les gendarmes se replièrent sur la Haute-Loire et le Puy-de-Dôme. Le maire et le conseil municipal restèrent en permanence pour veiller au maintien de l'ordre. Le prince autrichien fit aux habitans une adresse dans laquelle il les engagea à rester paisibles et à être sans inquiétude, promettant que les personnes et les propriétés seraient respectées. Il ordonna un désarmement général de la garde nationale, exceptant toutefois la compagnie des grenadiers dont il se plut à reconnaître le bon esprit, et déclara qu'il n'était venu à Saint-Etienne que pour y conserver le bon ordre et la tranquillité.

Le 27 mars, sur la nouvelle qu'un corps de troupes françaises avait passé le Rhône à Saint-Vallier et se dirigeait sur Monistrol par Annonay, les approvisionnemens de la manufacture d'armes furent évacués. Les bois de fusil furent en partie brûlés ; les canons et autres pièces de l'arme furent dirigés par convois sur Lyon, point central des corps du prince de Schwarzemberg et du maréchal Bubna.

L'occupation de Saint-Etienne fut, sans doute, une calamité publique sous le rapport de l'indépendance nationale, mais nous devons cependant rendre justice au général autrichien pour la conservation de la tranquillité qui régna constamment dans la ville, et pour le maintien de la discipline sur ses troupes.

Nous pourrions ajouter que ce prince montra une affabilité rare : logé chez le maire, servi à sa table, au milieu de sa famille, il témoigna une confiance qui fait autant son éloge que celui du premier administrateur. On cite plusieurs exemples de sa sévérité envers les soldats, aux moindres plaintes; d'un autre côté, il fit rendre la liberté à onze habitans de Lafouillouse, accusés sans preuve d'avoir tué un dragon de la Tour.

Un corps de partisans s'était formé dans la plaine du Forez et sur les bords de la Loire, sous le commandement de M. Gustave de Damas. Composé d'hommes généralement peu habitués au maniement des armes, il ne rendit pas tous les services que la patrie en attendait; néanmoins ses courses ne laissèrent pas d'inquiéter les Autrichiens.

Le 8 avril, on apprit à Saint-Etienne l'entrée des troupes alliées à Paris, la chute du gouvernement impérial et le rappel de l'ancienne dynastie des Bourbons. Le joug napoléonien avait fatigué la France. Le retour de la paix fut l'objet d'une expression spontanée et presque unanime de satisfaction égale au moins à celle qui avait salué Bonaparte à son avènement au pouvoir, sentiment qui ne peut éclore qu'à la suite de grandes calamités. Ce résultat inattendu provoqua de grandes fêtes publiques que les femmes surtout contribuèrent à embellir.

Après la retraite des étrangers qui évacuèrent Saint-

Etienne le 20 avril, le commerce reprit une grande activité. Toutes les branches d'industrie se développèrent, la rubanerie surtout prit un accroissement jusqu'alors inconnu. C'est l'époque de quelques grandes fortunes stéphanoises. On cite plus d'un fabricant de rubans qui, en peu d'années, devint millionnaire.

Louis XVIII, en remontant sur le trône de ses pères, avait donné aux Français la charte constitutionnelle, où était tracées les bases du gouvernement représentatif. Le nouveau pouvoir mit en général, à la tête des administrations, des hommes qui souvent avaient plus de dévouement que d'habileté. Le comte de Rambuteau était maintenu à la préfecture de Montbrison, et avait remplacé M. Holvoët, et M. Chovet-de-Lachance continuait ses fonctions de représentant au corps législatif, où il avait siégé depuis 1805.

Le 25 septembre de cette même année, le comte d'Artois (depuis Charles X) visita notre ville. On lui fit une réception magnifique. Arcs de triomphe, ovation, érection du buste d'Henri IV, banquets, bals, concerts, rien ne fut oublié dans cette solennité qui coûta 27,000 fr. à la commune. Quelle leçon pour nos neveux que le spectacle toujours renaissant de ces engoùmens poliques ! Eut-on pu prévoir alors le changement qui devait bientôt s'opérer ?

1815. — A la nouvelle de l'apparition magique de Napoléon et de sa rentrée aux Tuileries, les travaux industriels cessèrent spontanément. La France reprit son allure guerrière. Au lieu de tissus de soie, St-Etienne ne fut occupé qu'à fabriquer des armes. L'airain reten-

tit et la résistance s'organisa de toutes parts. M. Tri-
bert fut désigné à la préfecture de Montbrison et M.
Jean-Jacques Baude, ancien sous-préfet à Roanne, fut
appelé aux mêmes fonctions dans notre ville. M. Michel
Piégay occupa la mairie et fut nommé député à la
chambre des représentans. L'avocat Teste (depuis ministre de la justice) vint seconder le mouvement et faire
opérer la fédération. A cette époque, notre cité fut sil-
lonnée par des troupes nombreuses et des bandes indis-
ciplinées de Roannais et de Guillotins conduits par
l'infortuné général baron Mouton-Duvernay, à la présence d'esprit et à la fermeté duquel la ville fut alors
redevable de sa tranquillité. Logé chez le maire, entouré
des personnes les plus respectables, il put rassurer les
citoyens, faire veiller, par des patrouilles, à la sûreté
publique, et déjouer les projets incendiaires des anar-
chistes.

Après les désastres de Waterloo, eut lieu la seconde
invasion des étrangers. Saint-Etienne essuya la rigueur
des réquisitions de vivres et des contributions en argent.
Depuis le 51 juillet jusqu'au 51 août, la ville fut en
état de siége. Le séjour de ces hôtes incommodes dimi-
nua considérablement la fièvre d'enthousiasme qui
avait accueilli les Bourbons.

M. Pascal avait repris le timon des affaires, M. Mel-
quiond, un des commandans de la garde nationale,
fut installé 1er adjoint. Voici le serment qui était alors
en usage et qui donne une idée assez exacte des exigences de cette époque : « Je jure et promets à Dieu de
« garder obéissance et fidélité au roi, de n'avoir aucune
« intelligence, de n'assister à aucun conseil, de n'en-

« tretenir aucune ligue qui soit contraire à son auto-
« rité ; et si dans le ressort de mes fonctions ou ailleurs,
« j'apprends qu'il se trame quelque chose à son préju-
« dice, je le ferai connaitre au roi. »

Ce fut l'époque d'une réaction politique, qui quelquefois fut dirigée contre des citoyens inoffensifs ; néanmoins les excès n'y furent pas aussi violens que dans
d'autres localités où ils rendirent le gouvernement
odieux.

Le 1ᵉʳ août, eut lieu la convocation des colléges élec-
toraux. M. Dugas de Varennes fut nommé député et
fit partie de la chambre dite Introuvable. Le 1ᵉʳ novembre suivant on rétablit sur la pyramide de la fontaine
de la place Royale, le buste d'Henri IV, qui en avait
été déplacé lors des derniers orages populaires ; le nouveau buste en terre, ouvrage du dessinateur Peillon,
n'a subsisté que quelques années, vu la fragilité de la
matière. C'était une excellente idée, si cette manifestation n'eut pas été élevée par un esprit de parti, mais
eut été la consécration d'un souvenir historique tel que
celui de ce bon prince, visitant ses sujets pour effacer les
dernières traces des discordes civiles. Les monumens
publics devraient être élevés en matières durables et ils
intéressent davantage quand ils rappellent quelques
bienfaiteurs du pays.

1816. — Si l'œil est attristé parfois par le spectacle
déplorable de nos dissentions intérieures, la pensée se
reporte avec plaisir sur des créations utiles. Le 15 février,
eut lieu l'installation des nouveaux membres du tribunal. M. Teyter fut nommé président, en remplacement
de M. Claude Montellier, qui occupait ces fonctions

depuis 1807, et M. Terme fut procureur du roi (1).

La Restauration sentait le besoin de remplacer les écoles pratiques de Pesey et de Geslautern qui venaient d'être enlevées à la France. Elle créa l'école des Mineurs de Saint-Etienne, qui, par sa position auprès d'un des plus riches bassins houillers du globe, est appelée à fournir des sujets aux établissemens industriels. M. Louis-Antoine Beaunier, ingénieur en chef des mines, en fut nommé le directeur. C'est à lui que l'on doit la publication, en 1812, d'un Mémoire sur la topographie souterraine du département de la Loire, reproduit en 1816 par les Annales des Mines, où sont décrits les différens systèmes houillers de notre arrondissement, l'inclinaison, la puissance des couches, enfin, tout ce qui embrasse l'exploitation des mines. Il est à désirer que les connaissances acquises depuis en géologie par la théorie des soulèvemens, permettent de faire de nouvelles recherches sur la richesse de notre bassin. Ce serait,

---

(1) Avant M. Montellier avait siégé M. Guérin qui avait remplacé M. Fromage, le dernier juge du marquisat de Saint-Priest. Voici comment se composaient les différentes juridictions de Saint-Etienne avant la révolution :

1º De l'élection qui décidait de tout ce qui avait pour objet l'assiette et le recouvrement des deniers royaux, les tailles et les taillades, etc.; créée en 1629 pour Saint-Chamond, elle fut transférée en 1631 à Saint-Etienne ;

2º De la sénéchaussée qui jugeait les affaires criminelles ; elle fut instituée par ordonnance de septembre 1645, et se rendait semestriellement avec Montbrison, mais en 1769 elle fut transférée intégralement dans cette dernière ville ;

3º Enfin de la juridiction ordinaire du seigneur, qui comprenait toutes les affaires civiles et qui se composait d'un juge, d'un châtelain, d'un procureur fiscal et d'un greffier.

sans aucun doute , un travail précieux et d'une grande
utilité pour le pays (1).

Le 5 août, le duc d'Angoulême vint visiter notre
ville. On lui fit une brillante réception , et il fut logé à
Chantegrillet, dans les mêmes appartemens qu'avait occupés son père deux ans auparavant.

Le 22 janvier 1817 , M Salichon fut désigné maire
de Saint-Etienne. Cette année les campagnes environ-
nantes devinrent le théâtre de vols nombreux commis
par des mendians étrangers. Un détachement de la
légion de la Haute-Saône se rendit dans cette ville et
parvint à arrêter ces désordres. Le maire obtint la même
année le rétablissement des anciennes armoiries de
Saint-Etienne. Elles se composent d'un *écu d'azur à
deux palmes d'or en sautoir, accompagnées d'une couronne
royale du même in-chef, une croix à dextre, l'autre à
senestre et la troisième en pointe.* Deux guirlandes l'entourent et il est surmonté d'une couronne de marquis
faisant sans doute allusion à la seigneurie de Saint-
Priest, dont Saint-Etienne était jadis une dépendance.

En 1818, eut lieu la démolition de la maison Midor,
au midi de la place Royale, ce qui compléta l'ouverture,
dans la traversée de la ville, de la route de Roanne
au Rhône , ordonnée par la loi du 12 mai 1806.
L'utilité de cette voie de communication du nord
au midi de la France était sentie depuis long-temps.
Elle avait été constamment réclamée dès 1794 par

(1) Ce vœu doit être prochainement réalisé. Un des professeurs de
l'école des Mines, M. Grunner, s'occupe en ce moment, par ordre du
gouvernement, d'une carte géognostique du département de la Loire, où
sera sans doute révisé le travail de M. Beaunier.

l'administration de Saint-Etienne, composée de citoyens aussi recommandables par leurs lumières que
par leur véritable esprit patriotique. Dès le mois de
mars 1795, la municipalité avait dressé un plan d'a-
liénation des terrains du couvent de Sainte-Catherine,
traversés par la route ; et avait fait procéder dans la
partie septentrionale de la ville à l'ouverture des différentes rues qui viennent la couper sous différens angles.
En 1794, les agens du gouvernement qui dirigeaient
la manufacture d'armes de guerre, voulant lui donner
une grande impulsion, imaginèrent de faire construire
des ateliers dans la partie du terrain que la ville possédait encore.

Dès cette époque, on distingue le quartier de la cité
(ancienne ville) et la ville neuve. La magnifique percée
qui traverse Saint-Etienne du nord au midi fut dès-
lors arrêtée. Le spectateur placé au centre de la ville
put voir avec étonnement la ligne droite de 2,000 mètres qui monte insensiblement jusqu'au coteau de Val-
furet, un des chaînons par lequel Pilat correspond aux
Cévennes, tandis que du côté opposé sa vue plonge à
plus de 5,500 mètres et se repose avec plaisir sur le
cône pétro-siliceux de Saint-Priest, antique manoir
féodal des seigneurs de Saint-Etienne.

Il est à remarquer à ce sujet que pendant les trente
années qui précédèrent la révolution, il ne se construi-
sit guère que 8 à 10 maisons, tandis que, dans la
même période de temps qui a suivi, il s'en est élevé
environ 600. L'accroissement de la ville ne s'est pas
borné là. A peine la nouvelle percée eut-elle été effec-
tuée que la partie méridionale de la route commença

à se garnir de belles constructions. La ville qui, auparavant se dirigeait de l'est à l'ouest, prit son développement du nord au midi. Cette dernière circonstance doit être en partie attribuée au cours du Furens qui coule dans cette direction et sur lequel s'est établie une foule d'établissemens industriels (1).

(1) Cette rivière a trop de rapports avec l'histoire industrielle, pour ne pas mériter ici une légère mention.

Furens prend sa source au sud du village du Bessat, dans un lieu appelé le Palais, et au pied des forêts qui entourent les sommités du Mont-Pila. Son point le plus élevé est la scie Matricon qui se trouve à 770 m. au-dessus de la Loire, dont 619 de pente jusqu'à St-Etienne et les 151 restant jusqu'à Andrézieux, lieu de son embouchure. Son élévation au-dessus de la mer est, à sa naissance, d'environ 1,200 mètres; il a creusé son lit dans le granit au milieu de gorges sinueuses, dont l'étranglement le plus remarquable est Roche-Corbière. Là il coule sur le côté occidental de la montagne, tandis que sur le versant oriental, se trouve Janon qui va tomber dans le Gier à St-Chamond; ce qui a fait dire que les eaux du château de Rochetaillée se versaient également dans les deux mers. Puis Furens coule dans le gneiss et le schiste-micacé jusqu'auprès de Valbenoîte où il entre dans le terrain houiller.

Beaucoup de rivières peuvent offrir des bords plus rians :

> Aucun arbre de son feuillage,
> N'embellit ce triste rivage.
> L'onde y murmure rarement;
> Et, dans ses canaux prisonnière,
> Elle s'en va fort tristement
> Faire tourner quelque molière,

a dit M. Dumarais; mais on en trouve peu d'une utilité aussi étendue et surtout d'un service mécanique aussi important. Le Furens joint au Furet qui descend de Planfoy, fait mouvoir un grand nombre d'usines, de scies, d'aiguiseries, de martinets, de moulins à farine, à soie, etc. M. Burdin évalue à 207 le nombre de roues motrices employées dans les divers établissemens qui trouvent leur existence sur cette rivière, dont le parcours n'est que de 56 kilomèt. Le volume du Furens égale à peine 40 mètres cubes par minute; il est réduit même à 6 mètres cubes dans

Le 1ᵉʳ novembre 1819, M. Hypolite Royet, fabricant de rubans, fut appelé à l'âge de 50 ans à remplir les fonctions de maire. Il y avait alors à la préfecture de la Loire, M. le vicomte Tassin de Nonneville, sous l'administration duquel M. Duplessy, ancien secrétaire-général du département, avait publié un essai statistique qui renferme des renseignemens intéressans sur toute la contrée.

L'industrie rubanière qui avait langui au milieu des tourmentes révolutionnaires, avait repris une grande activité en même temps que les autres branches : diversité de travaux, assez bien exprimée dans ces vers d'un poète déjà cité au commencement de cette notice.

> Non loin des mêmes lieux,
> Où l'on forge à grand bruit, l'attirail de la guerre,
> Des doigts industrieux
> Tissent de la beauté, la parure légère.

Saint-Etienne était sans rivale pour les articles façonnés. Bâle seul entrait en concurrence pour les unis, Coventry ne fournissant des taffetas et des satins que

les plus grandes sécheresses. Il devient néanmoins un torrent impétueux dans les temps d'orages. On a calculé que lors de la grande inondation du mois d'août 1837, il a débité pendant 5 heures plus de 1,500 mètres cubes d'eau par minute.

Furens reçoit dans son cours plusieurs ruisseaux qui ont chacun quelques particularités : Chavanelet chanté par Mᵐᵉ Allard, et qui, d'après Papire-Masson et Coulon, charrie de l'or, jouit de la propriété de nettoyer le linge sans savon, et dont l'embouchure souterraine a lieu au milieu de Saint-Etienne ; Merdary qui vient du Mont et sert à alimenter l'école de natation ; enfin le ruisseau des Villes dont les deux branches sortant des mines de houille, ont des eaux ferrugineuses qui contiennent, dit-on, quelques vertus médicinales.

pour une partie de la consommation de la Grande-Bretagne.

En 1819 et 1820, la fabrication des rubans de l'arrondissement de Saint-Etienne fut énorme. Les demandes venues de l'Amérique et de l'Allemagne auraient suffi pour occuper le double du matériel existant. Les marchands ainsi que les maîtres-ouvriers de Saint-Etienne et de Saint-Chamond s'empressèrent de répondre à l'impulsion donnée. De toutes parts on monta des métiers. On dressa des apprentis et l'on chercha des perfectionnemens pour simplifier et abréger le travail. Le métier à la barre, ce mécanisme si simple, inventé par un Zurichois et qui tient une page remarquable dans l'histoire de Saint-Etienne, était encore bien imparfait. Implanté depuis 1750 dans nos contrées, il allait subir une heureuse transformation par l'application d'un nouveau mécanisme.

Une révolution venait d'avoir lieu dans la fabrique lyonnaise : la mécanique à la Jacquard avait été adaptée avec succès aux metiers d'étoffes. Saint-Etienne ne voulut pas rester en arrière : divers essais furent tentés; d'abord imparfaits, puis complètement heureux. Plusieurs fabricans au nombre desquels l'on cite MM. Hypolite Royet, et Thiolière-Peyret, figurent avec honneur à cette époque de la renaissance de l'industrie rubanière; mais c'est principalement à un simple ouvrier, nommé Bürgin, auteur de plusieurs perfectionnemens aux métiers de rubans, que l'on doit l'application de la Jacquard sur les métiers à la barre (1).

(1) Bul. Ind., tome 17, page 165.

Depuis quelque temps un ingénieux fabricant de Saint-Chamond, M. Bancel, avait inventé le marabou-tage ou crépage de la soie avant d'être tissue. Ce fut une amélioration qui contribua à fixer la fabrication du ruban dans nos contrées. Un autre fabricant, M. Richard-Chambovet, doué d'une grande activité et d'une rare persévérance, était parvenu à conquérir une industrie nouvelle, par l'application et le perfectionnement d'un métier déjà connu, celui des lacets, mis en mouvement par la force de l'eau ou de la vapeur.

Au premier rang, figurait alors la maison Dugas de Saint-Chamond, surnommée à juste titre, la *Fabrique-Modèle*. Le goût exquis de ses articles, la pureté de sa fabrication et la bonne renommée qu'elle s'était acquise dans ses rapports commerciaux, lui avaient valu jadis de nos rois des distinctions honorifiques, et à ses produits la supériorité sur tous les marchés existans.

1821. — L'administration fait élever plusieurs édifices qui sont diversement jugés : d'abord l'hôtel-de-ville, monument sévèrement critiqué par un écrivain pessimiste de la *Revue du Lyonnais* (1), dont cependant l'aspect régulier ne manque pas de majesté : c'est du moins l'impression qu'en ont éprouvé beaucoup de voyageurs, parmi lesquels on est heureux de citer M. Adolphe Blanqui (2). L'architecte Dalgabio semble avoir eu quelques réminiscences de l'école florentine. Le péristile et l'escalier de la façade principale en sont la preuve. Le frontispice est orné d'une colonnade d'ordre toscan et surmonté d'un attique auquel il manque un

(1) 69ᵉ livraison, mars 1840.
(2) Relation d'un voyage au midi de la France.

décors plus apparent que des pilastres; un bas-relief, un cadran circulaire; en un mot, quelque chose qui attire l'attention de l'observateur.

La façade nord de cet édifice est d'un style plus sévère et ressortira encore mieux lorsque le perron sera garni de sa balustrade extérieure. Une faute grave s'aperçoit cependant tout le tour de l'édifice, c'est la distance énorme comprise entre la partie supérieure des croisées du rez de chaussée et le double cordon qui supporte le premier étage; ce qui produit à la fois un mauvais effet au dehors et de vicieuses distributions intérieures.

Qu'il est regrettable aujourd'hui que l'on ait resserré autant cette rue Gérentet, aussi belle que régulière, que l'on ait supprimé l'idée primitive des galeries latérales ouvertes à la circulation publique! Quelle vie, quel mouvement animerait ce quartier, et quel avantage en serait résulté pour la ville elle-même! En somme, l'hôtel-de-ville a coûté près d'un million de francs et pourrait être mieux en raison de ce chiffre. Encore quelques corrections de détail, une toiture plus en harmonie avec le corps du bâtiment, un béfroi ou des dômes élancés, et cet édifice, heureusement situé entre deux places spacieuses, offrira un coup d'œil remarquable et ne sera pas exposé à être rapetissé par les constructions particulières qui vont s'établir à l'entour.

Puis l'on vit s'élever, sous la direction du même architecte et sur un même emplacement, un palais de justice, une prison et une caserne de gendarmerie (1). Le premier décoré à l'extérieur de quatre

(1) Cette dernière construction n'a été terminée qu'en 1838.

belles colonnes monolithes, en grès, d'ordre dorique, est trop isolé des groupes latéraux. Mais ce n'est pas une barraque en maçonnerie grossière, comme l'assure le pseudonyme Dumont-Rewer. La prison est loin d'être une cave humide et malsaine ; la salle des pas perdus est magnifique et la distribution intérieure laisse peu à désirer. Tout ce qu'on peut y trouver de défectueux, c'est le peu de développement qu'on a donné à un édifice créé pour une ville naissante ; c'est la construction d'une prison dans des vues trop mesquines, cette ville étant appelée par sa position et son importance à devenir le siége des cours judiciaires du département. La caserne de gendarmerie est dans le même cas. Elle eût dû être assez spacieuse pour pouvoir contenir au besoin 200 chevaux, des approvisionnemens et une batterie d'artillerie.

En 1821, furent supprimés les cimetières intérieurs qui nuisaient à la salubrité publique, et fut fondé celui qui domine la ville. Placé sur un terrain aride, mais assez élevé pour être purifié par les courans atmosphériques, ce champ solitaire, au lieu d'exhaler aucun miasme, servira plutôt par ses plantations à décorer le côteau nu de *Cret-de-Roc*. Voici la description qu'en fait un écrivain élégant de la *Revue de Saint-Etienne* : « Le cimetière a fait comme la cité, il s'est agrandi. L'un a doublé d'étendue, l'autre de population, tant la mort est prompte à remplir ses places, comme s'écrie Bossuet. Entrons........ une chapelle de forme ronde et d'architecture sévère se présente. C'est elle qui frappe d'abord tes yeux, ô étranger ! qui viens visiter la Birmingham française. Elle porte au frontispice ces mots : RESPECTEZ LA CENDRE DES MORTS....... Des cyprès funéraires, de mélancolique accacias, des rosiers en fleurs, de simples croix, des balustrades en fer, des soins pieux, de l'oubli, des vases odorans, des ronces, c'est la vie, c'est la mort; c'est la vie animée, c'est la vie solitaire; c'est Saint-Etienne là-bas, c'est Saint-Etienne là-haut. »

1822. — Le culte réclamait de nouvelles succursales. L'église de Saint-Louis fut restaurée sur l'ancienne chapelle des Minimes. M. de Faubert en fut le premier desservant. Placée dans le quartier le moins populeux, cette église suffit aux besoins de la paroisse. Son architecture d'ordre dorique est simple et régulière. Son fronton est composé de deux pilastres surmontés d'un entablement et de triglifes sous lesquels on lit : DOMUS MEA, DOMUS ORATIONIS.

Cette édification fut bientôt suivie de celle de l'église de Sainte-Marie, érigée sur l'emplacement de la chapelle du couvent de la Visitation. M. Villerme, depuis curé à Saint-Nizier de Lyon, en fut le desservant. Ces deux édifices sont de même ordre, et leur plans, calqués l'un sur l'autre, sont dûs au même architecte, Dalgabio. Il faut regretter à Sainte-Marie le clocher qui jure à l'extérieur, et sa coupole éclairée d'une manière trop bizarre. Ce qui est à remarquer, ce sont les fresques de Valentini dont le talent fortifié par les études de Michel-Ange, est venu s'éteindre dans cette ville.

A la même époque, eurent lieu diverses constructions et améliorations qui sont la preuve du zèle et de l'activité qui animèrent M. Hypolite Royet, pendant son administration. De nouvelles rues furent ouvertes et pavées (1), dans ce nombre ne peut être passée sous silence la rue Royale, qui était d'une nécessité absolue. Des trottoirs à l'instar de ceux de Londres et de New-York, facilitèrent la circulation publique. Un nouvel abbatoir pour les bestiaux fut construit rue du Treuil, aux frais des hospices. Le redressement du petit lit du Furens qui était un cloaque malsain et dangereux, et la voûte qui le recouvre dans presque tout son cours à travers la ville, permirent les constructions qui décorent le quartier de l'Hôtel-de-Ville et de Marengo.

Le 25 mars 1822, fut instituée la Société d'agriculture, sciences, arts et commerce de Saint-Etienne, société industrielle qui s'efforce de propager les bonnes pratiques de l'agriculture et les saines doctrines de l'économie publique. Le 1er mai suivant, elle adopta un règlement, et prit dès-lors la résolution de publier un bulletin périodique, renfermant des notices et mémoires sur l'industrie de la contrée, notamment sur la rubanerie, les armes, les voies de communication, la quincaillerie, les mines, les instrumens aratoires, les découvertes nouvelles, etc.; cette feuille forme chaque année un volume de 18 à 20 feuilles d'impression, accompagnées de plans et planches, lorsque le sujet l'exige. M. V. Jovin-Bouchard, un des entrepreneurs de la manufacture d'armes, en fut le premier président. Le nombre des titulaires est de 24, non-compris les membres correspondans, résidens et non-résidens,

(1) On ne peut assigner l'époque du premier pavage des anciennes rues de la ville de Saint-Etienne. On sait seulement qu'en 1777 et 1778, le juge de police fit relever à bout la totalité des pavés.

dont le nombre est illimité. La société encourage par des primes et des distinctions honorifiques les artistes, les mécaniciens et les ouvriers qui ont inventé quelque nouveau perfectionnement, les cultivateurs qui ont adopté de meilleures méthodes, les horticulteurs qui ont indiqué de nouvelles plantes profitables, les agronomes qui ont apporté quelque amélioration dans l'éducation des vers à soie et dans la culture des mûriers, enfin tous ceux qui, se conformant à ses programmes, se sont distingués dans les diverses branches de l'industrie agricole et manufacturière. La société a fait frapper une médaille, gravée par un stéphanois, M. Galle, membre de l'Académie des beaux-arts : elle représente, sous la figure de Vulcain, l'emblème des chemins de fer, des houilles et des forges, quelques-unes des principales branches de l'industrie de l'arrondissement.

1823. — Les limites entre la ville et les communes de Montaud, Outrefurens et Valbenoîte furent rectifiées. La population *intrà-muros* etait alors de 19,102 habitans, celle des deux cantons réunis de 57,631.

1824. — Cette année mourut, en Russie, notre compatriote, l'abbé Poidebard, mécanicien distingué, que les troubles politiques avaient forcé à s'exiler. Attaché au service du czar, en qualité d'ingénieur-mécanicien, il se livra à une foule de travaux qui lui ont acquis une haute réputation de savoir et d'habileté. Il imagina un nouveau moyen pour la remorque des bateaux sur le Volga, et fut placé à la tête de plusieurs entreprises qui avaient également pour but l'amélioration et les progrès des fabriques et des manufactures.

Malgré les services par lui rendus au pays qu'il avait adopté, il mourut dans un état voisin de l'indigence.

1825. — Le 15 novembre de cette année fut fondé le *Mercure Ségusien*, journal d'abord littéraire et qui prit bientôt rang parmi les feuilles politiques. Publié au début par un homme plein de zèle, **M.** Félix Delamotte, mais peu versé dans les arts et la littérature, il fut plus tard secondé par quelques plumes plus habiles. Il est devenu la propriété de M. Janin, imprimeur-libraire, frère du spirituel écrivain de ce nom.

Nous arrivons à une époque remarquable de l'histoire stéphanoise; c'est celle où le génie de l'art métallurgique s'élance dans la carrière, plein de force et d'avenir. Ici de modernes obélisques projetant des colonnes de fumée, d'innombrables brasiers où se carbonise la houille; là des forges ardentes, des hauts-fourneaux aux proportions colossales, remplissent les airs de bruit et de vapeurs. La muse de l'industrie s'est émue. Elle répète les accens inspirés du vieux poète ségusien, qui proclama jadis les forges stéphanoises égales à celles de Lipari (1), et s'écrie avec enthousiasme :

(1) Quâ se Brumalem Phœbi convertit ad ortum,
Et Lugdunenses tellus secusia tractus
Prospicit, extremos inter celeberrima montes
Urbs jacet, œoliis Lipares æquanda caminis.
Volcani domus est. Illic fabrilibus antris
Malleus honorificos ferro stridente fragores
Incutit insultans, volvitque per area viarum
Insomnes strepitus, noctemque laboribus addit.

Illi forcipibus nigro candentia mersant
Æra lacu, pars hæc vastâ fornace metallum
Eliquat, elisas angustis faucibus aurus
Inspirans : illi positis incudibus ictus
Ingeminant, subiguntque rudes lentescere massas
Alternante manu, et magno molimine fingunt,
Indidit ut varias opus aut industria formas.

Saint-Etienne, en tes murs de quel riche spectacle
      L'œil est environné !....
Chez toi, l'amant des arts, de miracle en miracle
      Se promène étonné !
Ses regards enchantés admirent ces usines
Où, sous l'effort puissant de mouvantes machines,
Par les feux amolli, le métal embrasé
S'amincit et s'allonge en barres divisé ;
Ces fourneaux où la fonte à la forge rebelle,
Obéissant à l'art, à son gré se pliant,
De richesses devient une source nouvelle,
En se changeant en fer malléable et liant.

Un grand mouvement industriel avait lieu dans l'arrondissement. Des aciéries formées dès 1815, par James Jackson, et plus tard par le banquier Milleret, rivalisèrent bientôt avec les établissemens d'Angleterre et d'Allemagne. Des ouvriers étrangers vinrent apporter à Saint-Etienne les procédés employés chez nos voisins pour la manipulation du fer et de l'acier. L'auteur de cette notice, alors en séjour à Londres, fut assez heureux pour procurer des sujets anglais aux établissemens de ce genre nouvellement élevés à Trablaine et à la Tréfilerie près de Saint-Etienne. Dans un mémoire publié en 1819, et inséré dans les Annales des Mines sur la nature et le gissement des minerais, connus sous le nom de fer *carbonaté lithoïde*, M. de Gallois, ingénieur en chef des mines, avait appelé en France l'attention sur le traitement des minéraux des houillères, d'après les procédés anglais. Les espérances qu'il avait fait concevoir ne se réalisèrent pas complètement, dit M. Gervoy (1), le peu d'épaisseur et

(1) Rapport à M. le directeur des ponts-et-chaussées et des mines.

de continuité des bancs de minerai dans la plupart des mines de houille de la Loire n'a pas suffi pour alimenter de grandes usines. La découverte, en 1825, d'une autre espèce de minerai de fer existant aussi en gissement irrégulier, à Latour, près de Saint-Étienne, ne suppléa pas à cette insuffisance, et l'on fut obligé de recourir aux minerais des départemens de l'Ain et de la Haute-Saône.

L'existence des grandes forges de la Loire ne date que de 1819, et dès le principe on n'y employa d'autre combustible que la houille. Ce fut là la première application en France des procédés anglais de fabrication du fer.

La forge créée en 1820, à Saint-Julien-en-Jarret, par Joseph Bessy de Saint-Étienne, un de nos industriels les plus distingués, fut la première construite de ce genre en France sur un grand modèle. Elle donna des produits l'année suivante et un succès complet couronna cette entreprise. Celle de Janon, la plus importante que la France possède, fut construite en 1822, par MM. Roux et Frèrejean de Lyon, au nom de la Compagnie des fonderies et forges de la Loire, de l'Ardèche et de l'Isère, à laquelle appartiennent également quatre hauts-fourneaux, situés à la Voulte (Ardèche.) Ceux de Terre-Noire, construits par M. de Gallois, au nom de la Compagnie anonyme des mines de fer de Saint-Étienne, furent achevés dans le courant de l'année 1823. Cette entreprise ne fut pas aussi productive envers les actionnaires qu'à l'égard du pays qui maintenant en recueille les fruits.

La forge de Lorette, près de Rive-de-Gier, date de

1824. MM. Neyrand et Thiolière y créèrent des martinets et des laminoirs pour le travail du fer. On cite entr'autres produits de cette usine, des rubans de fer pour cercler les tonneaux d'après des procédés particuliers. Les deux hauts-fourneaux de l'Orme, près de Saint-Chamond, ne furent établis qu'en 1827 par MM. Charles Bessy et Ardaillon, et dans le but d'alimenter la forge de Saint-Julien.

L'exploitation de la houille était déjà considérable à cette époque. La création de nombreux établissemens soit dans la localité, soit dans les contrées voisines, l'emploi de la vapeur comme force motrice dont la première application à Rive-de-Gier remonte à 1790, donnèrent de l'activité à toutes les exploitations de mines du territoire houiller de l'arrondissement (1).

(1) Ce bassin, sans contredit le plus riche en France, fut divisé en 1826 en 56 concessions ou périmètres distincts. Il présente une superficie de 22,145 hectares ou 221 kilomètres carrés sur une étendue de 46,250 mètres de l'est à l'ouest. Sa plus grande longueur prise sur la méridienne de Roche-la-Molière est de 11,000 mètres; elle diminue beaucoup vers Saint-Chamond et se réduit à Rive-de-Gier à 2,300 mètres. Ce bassin présente à peu près la forme d'un triangle dont la base s'étend de Saint-Paul-en-Cornillon sur la rive droite de la Loire, au lieu dit Avernay, et dont le côté droit de Chazeau passe à Solaure, à Janon, à la Grange-Merlin, laissant Château-Neuf en dehors pour atteindre la Fléchelle qui est à son extrémité, tandis que le côté gauche se dirige de la Fouillouse à la Tour pour remonter jusqu'à Saint-Genis-Terre-Noire et toucher le sommet qui est au nord-est de Dargoire.

Le sol houiller est circonscrit de toutes parts par le terrain primitif. Il n'en est séparé que par le grès que recouvrent souvent de faibles croûtes de terrain d'alluvions. Des affleuremens viennent même se montrer au jour, selon la direction plus ou moins inclinée des couches. Quelquefois la houille se trouve en grandes masses à la surface du sol où elle est

L'existence du charbon de terre dans cette contrée doit avoir été reconnue très-anciennement; c'est ce que prouvent les titres du XIVe siècle, entr'autres la cu-

exploitée à ciel ouvert, comme à Firminy; d'autres fois elle est à 400 mètres de profondeur comme à Rive-de-Gier. On a remarqué que la plus grande distance verticale de la formation houillère dans cette localité est de 750 mètres. D'une part, Mont-Salson, près de St-Etienne, point culminant qui est à 725 mètres au-dessus du niveau de la mer, et le fonds du puits du Logis-des-Pères, le plus bas de Rive-de-Gier qui est à 25 mètres au-dessous de l'Océan.

La puissance et le nombre des couches varient suivant les localités. « On en exploite, dit M. Beaunier, qui n'ont que 48 centimètres d'épaisseur, mais le plus souvent les exploitations ont été dirigées sur des couches dont l'épaisseur varie entre un et cinq mètres et sur certains points, ces mêmes couches éprouvent des renflemens subits qui leur font acquérir une puissance beaucoup plus considérable (16 à 20 mètres.) M. Landrin pense qu'un seul et même système a recouvert tout le territoire de Saint-Etienne, Saint-Chamond et Rive-de-Gier, mais qu'un vaste mouvement du sol, en élevant cette zone houillère, a établi au point culminant une barrière qui l'a séparé en deux gissemens. Il assure avoir reconnu l'existence de treize couches différentes, parfaitement distinctes, dit-il, d'une allure régulière et concordante, mais différant essentiellement par leur manière d'être et par les rochers qui les accompagnent. Une particularité singulière de ce territoire, est la présence d'un feu souterrain existant sans interruption depuis plusieurs siècles, notamment à la Ricamarie. M. de Bournon, dans sa lithologie des environs de Saint-Etienne, rapporte une explosion qui présenta l'aspect formidable d'un volcan. C'est sans doute à un de ces accidens qu'a fait allusion le poète déjà cité, Jacques Moireau, dans sa pièce de vers intitulée *OEtna Ségusianorum* :

. . . .
Hanc urbem juxtà flamantibus ignea saxis,
Erigitur rupes, œtnæos œmula nimbos
Quæ vomit, et nebulæ fumantis turbine cœlum,
Undatim involvens densâ caligine opacat
Culmina, ubi terras ignis percurrit inanes.
. . . .

rieuse transaction du 18 février 1521 déjà citée au
commencement de cette notice ; mais son exploitation fut long-temps restreinte aux besoins des habitans ; elle reçut un peu d'activité par les débouchés que fit naître le balisage de la Loire au commencement du siècle dernier et par l'ouverture du canal de
Givors à la fin du même siècle. Ce n'est même que depuis la création des établissemens métallurgiques que
nos mines ont pris l'importance à laquelle elles étaient
appelées par l'abondance et la qualité de leurs charbons
et par leur position géographique. L'extraction qui, en
1782, pouvait être évaluée à deux millions de quintaux (1) métriques, s'était élevée en 1825 à 5,604,202.
Plus de la moitié du périmètre houiller était en exploitation. On y employait 2,708 ouvriers, 289 chevaux et
59 machines à vapeur.

Ce territoire, l'un des plus riches en établissemens
métallurgiques et manufacturiers, possédant avec pro-
fusion la houille, élément indispensable des arts industriels, n'avait à cette époque pour tout débouché vers le
Rhône et la Loire qu'une détestable route, continuellement détériorée par la circulation de milliers de voitures. M. de Gallois fut un des premiers en France qui
ait fait connaître les chemins de fer. Dès 1817, il avait
publié dans les Anales des Mines un mémoire où il faisait ressortir toute l'utilité de ces nouveaux moyens de

(1) Plusieurs tableaux du mouvement général des exploitations de
houille de l'arrondissement de Saint-Etienne, n'évaluent l'extraction qu'à
967,000 quintaux métriques qui est le chiffre résultant du rapport de
l'ingénieur, chargé d'inspecter les mines du bassin de Saint-Etienne,
non-compris celui de Rive-de-Gier.

transport. En 1821, il se rendit avec M. Beaunier et M. Boggio en Angleterre pour y recueillir les renseignemens nécessaires à la construction d'une voie de cette espèce. C'est à eux que le pays est redevable de ce nouveau mode de communication. De là l'origine du rail-way de Saint-Etienne à la Loire, et dont M. Beaunier fut le directeur.

Concédé par ordonnance du 26 février 1823, avec le péage de 1 centime 86 centièmes par kilomètre et hectolitre (de 80 kilogrammes) il ne fut livré à la circulation qu'à la fin de 1827. Il comprend une longueur de 18,273 mètres à partir du Pont-de-l'Ane jusqu'à Andrézieux (non-compris les doubles voies et divers embranchemens qui s'y soudent); la pente totale est de 142 mètres ou en moyenne 0 m. 0077 par mètre. Son tracé n'offre qu'une suite d'inclinaisons variées, suivant les inflexions du sol. Ses courbes sont en général peu développées, ce qui lui a permis d'éviter les souterrains et les grands terrassemens aux points de chargement et de déchargement. Le capital fourni par les actionnaires a été de 1,750,000 francs divisé en 550 actions de 5,000 francs. Les transports se sont élevés dans la première année d'exercice à 55,970 tonnes (de 1,000 kilogrammes) et ils ont toujours été en croissant. Ce chemin a constamment donné des bénéfices.

Cet essai fut bientôt suivi d'une entreprise plus importante, ce fut le chemin de fer de Saint-Etienne à Lyon, desservant Saint-Chamond, Rive-de-Gier et Givors. Concédé à MM. Seguin frères et Edouard Biot, par ordonnance royale du 27 mars 1826, au taux de 8 centimes $\frac{9}{10}$ par tonne et kilomètre, il fut exécuté par M. Marc Seguin en moins de cinq ans.

Ce grand travail offrit partout de nombreuses difficultés. Saint-Chamond et Rive-de-Gier s'opposèrent à ce qu'il traversât leurs villes. La première obligea les entrepreneurs à faire un long circuit, la seconde à percer un tunnel dispendieux et difficile. La nécessité de ne donner aux courbes moins de 500 mètres de rayon dût multiplier les percemens. Seize souterrains de différentes longueurs comprenant ensemble 4,151 mètres furent exécutés. Celui de Terre-Noire, le plus coûteux à cause de la nature du terrain très-friable et des anciens travaux d'exploitation de mines, a 1,506 mètres; celui de Rive-de-Gier en a 984. Tous deux sont à une seule voie et les voûtes à formes elliptiques, afin de mieux résister aux poussées du terrain. 148 aqueducs, 106 ponts ou ponteeaux, un nombre considérable de tranchées, de remblais et de terrassemens furent exécutés le long des vallées du Janon, du Gier et sur les bords du Rhône. Un beau pont sur la Saône, compléta ce travail qui comprend une longueur d'environ cinquante-huit kilomètres.

Ce chemin, dont le capital social est de onze millions, représenté par 2,200 actions de 5,000 francs, est à double voie et à rails en fer. Une pente d'environ 15 millimètres par mètre de St-Etienne à Rive-de-Gier, et de six millimètres de ce dernier lieu à Givors permet aux convois de se mouvoir par l'effet seul de la gravitation à la descente; de là jusqu'à Lyon, et pour la remonte ou emploie la force des chevaux et celle de la vapeur.

Le troisième chemin de fer qui compléta la ligne des transports de l'arrondissement, est celui dit de la

Loire ou de Saint-Étienne à Roanne, adjugé à MM.
Mellet et Henri, le 27 août 1828, aux taux de 14
centimes 1/2 par tonne et kilomètre. Une ordonnance
du 25 juillet 1855, a approuvé la convention passée
entr'eux et la compagnie d'Andrézieux pour la soudure
des deux chemins au lieu de la Querillère.

Le tracé de la ligne n'offrit aucune difficulté sérieuse
au milieu de la plaine du Forez, où les rayons des
courbes sont toutes de 2,000 mètres ; mais dans la traversée des montagnes, le long des gorges resserrées du
Berneton, de Champagny, du Grand-Val et de Gand,
il a fallu avoir recours à des rayons plus faibles de
1,000, 500 et même 200 m. Il a fallu, dans toute cette
partie, exécuter des remblais et des tranchées considérables à travers des masses porphyriques très-dures (1).

Ce chemin, le mieux confectionné des trois rail-ways
du département de la Loire, est à voie triple et comprend une étendue de 67,192 mètres, dont un peu plus
de la moitié dans la plaine du Forez, où il se soude
avec l'embranchement de Montrond à Montbrison, ra-
meau de 15,540 mètres et le reste au milieu des
terrains accidentés de Buis, de Neulise et de Biesse
dont les plans inclinés ont 3, 4 et même près de 5
centimètres par mètre de pente.

Cette voie ne transporte qu'environ cent mille tonnes
de houille et 40,000 voyageurs ; mais le mouvement
s'accroîtra, lorsqu'il pourra se lier sans lacune avec le

(1) Les renseignemens qui précèdent ont été en partie empruntés,
pour les houilles et les chemins de fer, aux notices de MM. Gervoy
et Smith, insérées dans l'ouvrage intitulé : *Lois Européennes et Américaines.*

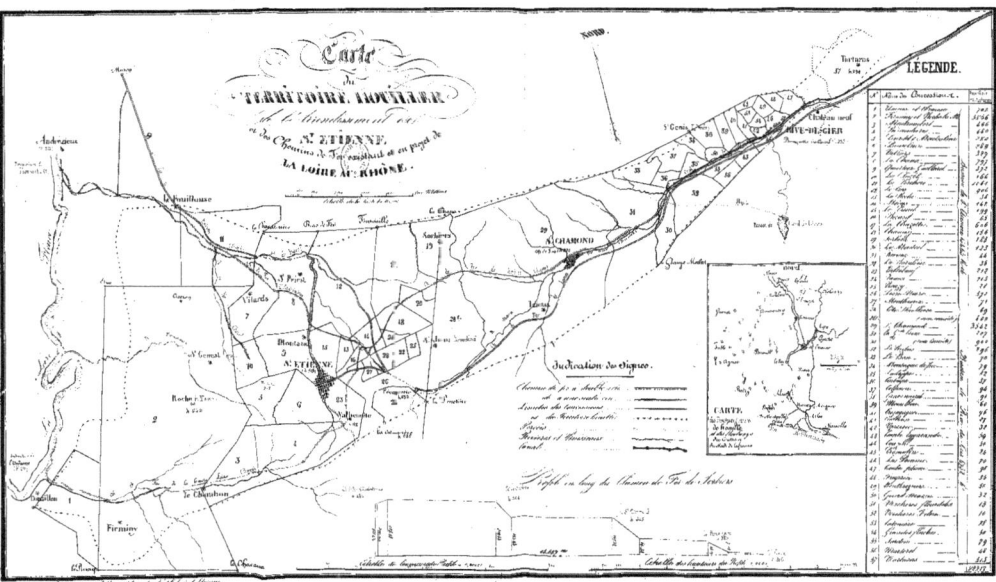

Carte
du
TERRITOIRE HOUILLER
de l'Arrondissement de
St ÉTIENNE
et des Chemins de Fer existant et en projet de
LA LOIRE AU RHÔNE

LÉGENDE.

Indication des Signes.

Profil en long du Chemin de Fer de St Étienne

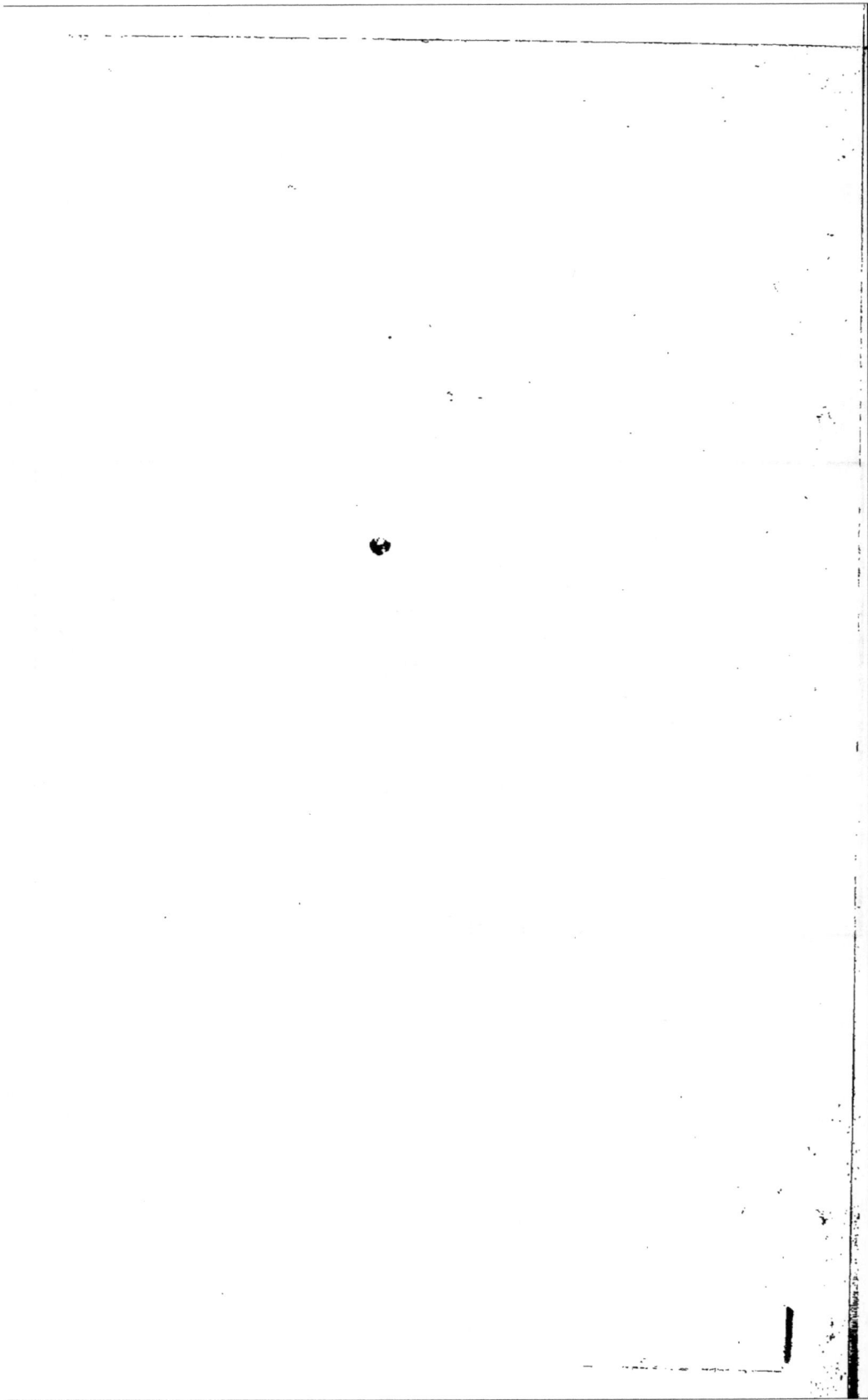

canal de Roanne à Digoin : ce sera le point de communication le plus direct du midi avec le nord de la France
par les bassins du Rhône, de la Loire et de la Seine.

Une digression sur les travaux de l'industrie à cette
époque brillante de l'administration de M. Hypolite
Royet, a interrompu la série des faits survenus à Saint-
Etienne depuis 1826. En voici la continuation :

Le 20 mai de cette année, un événement priva la
ville d'un bon citoyen, victime de son zèle et de son
courage. La rivière, grossie soudainement, entraînait
un malheureux qui bientôt allait disparaître, quand M.
Gérentet, négociant de cette ville, se précipita au milieu des eaux pour le sauver ; mais le torrent, trop impétueux, les emporta l'un et l'autre sans qu'il fut possible de les secourir. En commémoration du dévouement de ce généreux citoyen, la ville a donné le nom
de *Gérentet* à une rue qui longe le Furens, et a cédé
à perpétuité à sa famille un terrain propre à sa sépul-
ture.

Le 50 juin, Mme la dauphine (duchesse d'Angoulême) vint à Saint-Etienne. La ville dépensa 16,000
francs en cette circonstance. L'enthousiasme public
s'était réveillé pour la recevoir ; mais on resta peu satisfait de la visite de la fille de Marie-Antoinette. Ses
manières brusques et altières déplurent même à ses
partisans. Il parut à tout le monde que cette princesse
n'avait rien appris, ni rien oublié.

Quelques temps après, un bruit aussi bizarre que ridicule se répandit dans la ville. On assurait qu'une
hyène avait été aperçue pendant la nuit dans les rues de
Saint-Etienne. La population s'en émut, l'autorité fit

faire des patrouilles et les recherches les plus minutieuses pour découvrir ce monstre, qui, disait-on, était partout, mais ne se trouvait nulle part. Le ridicule fit bientôt justice de ce conte absurde : les uns n'y virent qu'une mystification, d'autres crurent y reconnaître une allusion outrageante envers une auguste personne.

L'année 1827 fut signalée par la construction d'un édifice public qui, certes, n'est pas remarquable par son élégance, mais bien par son utilité. Un décret du 18 mars 1802, avait créé une bourse de commerce dans cette ville ; un autre du 15 janvier 1808, avait autorisé une condition unique des soies : ils reçurent l'un et l'autre leur exécution, et une construction eut lieu sur l'ancien emplacement de l'église des pénitens, pour cette double destination. La partie supérieure du bâtiment dût servir pour la dessication publique des soies, et le rez-de-chaussée fut destiné à servir de point de réunion aux négocians. Si cette dernière destination n'a pas eu son exécution, il ne faut pas en rechercher la cause dans le non-parachèvement de cet édifice, comme pourrait le faire supposer M. Touchard-Lafosse, auteur de la *Loire Historique,* mais dans les habitudes stéphanoises qui sont plutôt celles de manufacturiers que de négocians.

En 1828, eut lieu l'élection de M. Gerin, négociant, comme député de Saint-Etienne, en remplacement de M. Fournas de Saint-Chamond, décédé. Vers le même temps parut un ouvrage qui fit connaître au loin le commerce, les arts et les manufactures de Saint-Etienne. Ce fut un indicateur des principaux négocians de notre arrondissement, accompagné de notices statistiques et industrielles, et publié par M. Philippe Hedde, ouvrage utile à la la localité et très-recherché des étrangers (1).

Le 5 novembre 1828, fut publié un nouveau journal industriel et littéraire qui fut intitulé le *Stéphanois*. La rédaction en fut entièrement due à M. Locard-de-Noël, ancien employé au ministère de l'intérieur. Cet essai fut quelques temps après suivi d'une autre feuille également hebdomadaire, le *Vulcain*, qui, comme le précédent, eut une courte existence.

Au mois de février 1829, M. Lachèze fut nommé député à Montbrison, et sa nomination fut due en partie aux suffrages des électeurs de Saint-Etienne. L'année suivante le ministère Polignac ayant remplacé celui de M. de Martignac, la chambre fut dissoute, et M. Lachèze, un des 221, fut nommé à Saint-Etienne. Les événemens politiques commençaient à inspirer de l'inquiétude, et les esprits les moins clairvoyans ne pouvaient s'empêcher de craindre quelque catastrophe.

(1) Voici ce qu'en a dit le docteur John Bowring devant la commission d'enquête, formée en Angleterre pour éclairer le parlement sur le commerce des soieries :

« Je mettrai devant vos yeux des documens publiés par un homme que je regarde, sans aucun doute, comme le mieux informé du pays. N'ayant été occupé depuis plusieurs années qu'à des recherches statistiques, il a écrit le seul livre de mérite qui décrive le commerce de soieries de Saint-Etienne, son accroissement et ses progrès. Ses écrits peuvent être consultés par tout homme qui s'intéresse à l'histoire du commerce, et je ferai remarquer ici qu'il est extraordinaire qu'il y ait une histoire imprimée du commerce de Saint-Etienne, tandis qu'il n'en existe pas de celui de Lyon. » (*Report from select committee on the silk trade With the minutes of evidence.* 1832.)

TROISIÈME PARTIE.

Le commencement de 1830 fut remarquable par un froid excessif. A Saint-Etienne, le thermomètre descendit à 21 degrés centigrades.

Le commerce, depuis long-temps prospère, était tombé en souffrance par suite de la crise des Etats-Unis d'Amérique : celle qui se manifesta à Paris ne fut pas seulement le résultat malheureux des événemens politiques, mais la conséquence inévitable de la trop grande extension des affaires.

La France venait d'accomplir deux glorieux faits d'armes. Elle avait contribué à affranchir la Grèce du joug ottoman et conquis Alger aux yeux de l'Europe étonnée (2). A peine les chants qui célébraient cette seconde victoire avaient-ils cessé, que l'on entendit gronder le canon qui, jadis avait signalé la chute de la Bastille.

(2) Un enfant adoptif de Saint-Etienne a figuré avec honneur à la première de ces campagnes : c'est le colonel Rhullière, depuis maréchal-de-camp à Anvers et lieutenant-général à Alger.

Les passions politiques avaient repris leur essor. La mauvaise direction et la faiblesse du gouvernement de Charles X avaient amené la perturbation dans les esprits. Une crise était imminente, quand parurent les ordonnances. Les habitans de Saint-Etienne observèrent dans un douloureux silence ce dernier acte d'un pouvoir défaillant. Toutes les affaires furent suspendues, les comptoirs déserts, les citoyens se pressèrent sur les places publiques, attendant avec anxiété les nouvelles de la capitale. Le *Mercure Ségusien* (1), un des journaux constitutionnels de province qui se distinguaient par une opposition raisonnée, fut du petit nombre de ceux qui osèrent résister à l'arbitraire. « L'horizon s'assombrit, disait-il, les peuples sont dans l'attente de ces grands événemens qui remuent le fond des empires et font trembler la terre politique. » En vain un arrêté du préfet lui interdit-il de paraître : le journaliste fit barricader ses portes, distribua en trois jours 10,000 exemplaires et déclara qu'il ne céderait qu'à la force et à la violence.

Bientôt se répandit la nouvelle des événemens survenus à Paris dans les journées mémorables des 27, 28 et 29 juillet. La majorité des Stéphanois adhérèrent franchement au nouvel ordre de choses ; ils désiraient les libertés publiques entendues dans les limites de la Charte.

Le 51 juillet, quatre jeunes Lyonnais apportèrent dans cette ville le drapeau tricolore, rendu si célèbre

(1) Cette feuille était alors principalement rédigée par deux hommes d'un mérite littéraire reconnu, MM. A. Royet, écrivain érudit, spirituel et élégant, et A. de Loy, prosateur et poète plein d'inspirations passionnées.

par les victoires de la république et de l'empire. Ces couleurs si chères au peuple, remplacèrent, aux acclamations d'une foule immense, sur le balcon de l'hôtel-de-ville, non encore achevé, la vieille bannière d'Henri IV et de Louis XIV. Le même soir, une troupe de ces individus, à figures sinistres, qui paraissent à toutes les époques critiques, se répandirent dans les différens quartiers de la ville, et arrachèrent les insignes du pouvoir déchu. Les ayant transportés sur la place publique, ces conquérans d'un nouveau genre en firent un feu de joie autour duquel eurent lieu pendant une partie de la nuit des danses et des scènes grotesques. Heureusement l'on n'eut à déplorer aucun accident fâcheux, de généreux citoyens étant parvenus à faire cesser ces démonstrations bruyantes.

La garde nationale, comme aux jours mémorables de 89, se forma spontanément dans notre ville. Il y eut, comme alors, de l'écho dans toutes les classes de la société, quand on présuma la patrie en danger, et que l'on fit appel au zèle et au dévouement de tous les citoyens. Deux mille hommes environ reçurent ici des armes et furent placés sous le commandement du général Valdec-Boudinhon, vieux soldat de 94, qui avait conquis tous ses grades sur le champ de bataille.

Le 4 août, un détachement de jeunes gens, commandé par M. Colcombet aîné, se rendit à Monistrol, où les trois couleurs furent arborées.

Le 15 août, on fêta à Saint-Etienne l'avénement au trône de Louis-Philippe Ier. Tous les amis de l'ordre public se félicitèrent de voir une révolution opérée sans autre secousse, et accueillirent avec transport un prince considéré comme le meilleur des citoyens.

Les administrations reçurent à leur tête des hommes habiles et dévoués au nouveau gouvernement. M. Gasparin, depuis ministre de l'intérieur, remplaça M. de Chaulieu à la préfecture de la Loire (1), et M. Teissier, depuis préfet de l'Aude (2), fut nommé sous-préfet à Saint-Etienne, où il succéda à M. de Rochefort.

(1) Voici la liste complète de différens préfets à Montbrison et sous-préfets à Saint-Etienne :

	Préfets.	Sous-Préfets.
En 1800.	1. Imbert.	1. Sauzéas.
1807.	2. Ducolombier	—
1812.	3. Holvoet.	—
1814.	4. Le comte de Rambuteau.	—
1815.	5. (100 *Jours.*) Tribert.	2. J.-J. Baude.
—	6. (*Restauration.*) Tass n- de-Nonneville.	3. Durozier.
1825.	7. De Chaulieu.	—
1827.	— —	4. De Rochefort.
En 1830.	8. Gasparin.	5. Teissier.
—	9. Scipion Mourgues.	—
1831.	10. De Norvins.	—
1832.	11. Bret.	—
1833.	12. Sers.	6. P. Dumollard.
1834.	— —	7. H. Dugas.
—	— —	8. Parran.
1836.	— —	9. Génie.
—	— —	10. Delon.
1837.	13. Jayr.	—
1838.	14. Faye.	11. E. Ladoucette.
1839.	15. Barthelémy.	—

(2) Depuis long-temps Saint-Etienne n'avait eu un administrateur aussi laborieux. Organiser la garde nationale, remanier le personnel des maires, constituer le conseil d'arrondissement et les comités cantonaux chargés de la surveillance et de la direction des écoles primaires, pourvoir au service intérieur et extérieur des prisons, par un règlement général, tels furent ses principaux actes. Travailleur infatigable, ses admi-

Le 19 août, la ville envoya à Paris, pour féliciter le roi sur son avènement, une députation chargée d'une adresse : « Sire, disait-elle, il y a de hauts enseignemens dans la révolution des trois jours : l'histoire les accueillera, et elle dira qu'au milieu de la vacance du trône et pendant l'éclipse de la royauté, un prince s'est rencontré si bien éclairé sur les besoins et les droits nationaux, si bien sympathisant avec les libertés publiques, si fort en popularité, que le faisceau délié de l'obéissance des peuples ne s'est point rompu. » L'avocat Voilquin chargé dans cette circonstance de porter la parole le fit avec une émotion qui nuisit à sa voix mâle et fortement accentuée. Il trembla, dit Jules Janin (1), mais il n'en conserva pas moins sa présence d'esprit en entretenant le roi des ressources industrielles de notre cité, pouvant confectionner au besoin 150,000 fusils par an et fabriquer des millions d'aunes de rubans tricolores.

La ville sollicita en cette occasion auprès du ministre de l'intérieur la translation du chef-lieu de préfecture de Montbrison à Saint-Etienne. Cette dernière, en effet, la dixième de France par sa population, la plus impor-

---

nistrés n'ont cessé de trouver en lui l'activité si désirable dans le premier magistrat de l'arrondissement. *Justice pour tous*, telle fut sa devise. Il est l'auteur d'une Histoire de Thionville, d'un Essai philologique sur les commencemens de l'imprimerie à Metz, ouvrage qui a mérité une médaille d'or, décernée par l'Académie des inscriptions et belles-lettres, d'un Manuel des gardes-champêtres, répertoire le plus complet de tout ce qui tend à fixer les droits et les devoirs de cette classe de fonctionnaires dont la bonne conduite peut exercer une grande influence sur le bon ordre dans les campagnes.

(1) *Mercure Ségusien* du 31 août 1830.

tante de tous les chefs-lieux de sous-préfectures du
royaume, centre d'activité, de population, d'affaires
et d'intérêts, pivot sur lequel tourne tout le département de la Loire, Saint-Etienne n'a ni préfecture,
ni recette générale, ni cour d'assises! Cette demande,
quoique juste et raisonnable, ne reçut pas de la députation de la Loire tout l'appui nécessaire pour réussir :
Elle fut néanmoins prise en considération.

Le 22 du même mois, à la rentrée du tribunal de St-
Etienne, M. Smith, récemment élu procureur du roi,
en remplacement de M. Quinson, prononça un discours remarquable, où l'on retrouve toute l'indépendance et la noblesse des sentimens dont il avait donné
des preuves comme avocat.

Au mois d'octobre, M. J.-J. Baude, depuis conseiller
d'Etat, fut élu député par les trois colléges du département réunis à Montbrison (1).

Voici quelques termes de sa profession de foi : « J'ai
administré dans des temps difficiles deux arrondisse-
mens du département. Vous êtes juges de mes actes.
Habitant depuis parmi vous, j'ai saisi plusieurs occasions
de faire sur les ressources et les besoins de la contrée,
une étude dont je serais heureux, dans quelque position que je me trouve, de lui consacrer tous les fruits...
Soldat des trois journées de juillet, c'est surtout pour
en consolider les résultats que j'ambitionne aujourd'hui
vos suffrages. »

Le 16 novembre, le duc d'Orléans vint à St-Etienne

(1) Chaud partisan de la révolution de juillet, il remplaça M. de
Champagny, député de l'extrême droite, et fut nommé à la presque
unanimité à trois reprises différentes dans l'espace de quatre mois !

où il reçut l'accueil le plus empressé. Le lendemain, il visita avec attention nos principaux établissemens industriels, notamment le chemin de fer d'Andrézieux, récemment terminé, une mine à Méons au fond de laquelle il accepta une collation improvisée, la manufacture royale, des fabriques de rubans, de quincaillerie et d'armes de luxe ou de commerce, ainsi que quelques établissemens publics tels que l'hôpital, l'hospice des vieillards et la maison des sourdes-muettes. Le même jour, il passa en revue la garde nationale composée de deux légions, à la tête desquels marchaient les colonels Neyron-Royet et V. Jovin-Bouchard. Les autres compagnies des communes s'y étant réunies, on put compter 4,500 hommes sous les armes, infanterie, cavalerie et artillerie. Malgré la pluie battante, l'enthousiasme fut à son comble. Le peuple stéphanois remarqua avec plaisir le prince donner l'exemple du zèle dans l'accomplissement de ses devoirs de citoyen, et toutes les personnes qui approchèrent de lui furent frappées du tact de ses réponses, et de la convenance et de la justesse de ses expressions. Un bal eut lieu dans la soirée, où le prince dansa et se mêla à la foule avide de le connaître. Un poète, malheureusement trop tôt enlevé aux muses, célébra cette fête par une cantate qui finit ainsi (1) :

Et toi, fille de l'industrie,
Saint-Etienne, riche cité,
A l'ombre de la liberté,
Tu grandiras pour la patrie ;
Fière de ton destin si beau,
On te verrait, aux jours d'alarmes,
Donner tes enfans et tes armes
Pour défendre le vieux drapeau.

(1) *Ségusienne*, par Aimé de Loy, musique de M. Werner.

Dans le courant de 1830, on posa à Saint-Etienne des bornes-fontaines, objets d'une grande utilité que la population attendait avec impatience. On s'occupa également à tracer une enceinte de boulevards extérieurs, pour donner momentanément de l'ouvrage à une foule d'ouvriers de tous genres, inactifs par suite de la crise commerciale. Des remblais et des terrassemens furent commencés dans la partie nord-est de la ville. Il est à regretter que ce projet qui avait pour but de faciliter la circulation publique et la perception des octrois, de rassainir la ville et de procurer des promenades agréables, n'ait pas été conduit à bonne fin.

Tels furent les derniers actes d'un administrateur qui a marqué son passage d'une manière remarquable. Aidé d'un conseil municipal qui le secondait avec zèle, M. Hyp. Royet a pu entreprendre la plupart des embellissemens qui existent aujourd'hui. De Saint-Etienne jadis resseré, ville, comme a dit un écrivain, de *boue et de fumée,* il a contribué à fonder une cité moderne, embellie de quelques édifices publics, percée de rues larges, allignées et bordée de trottoirs. Il eut pu, disent quelques personnes, faire mieux et davantage. Quelles que soient les objections faites à ses actes et à ses vues pour l'embellissement de Saint-Etienne, on lui tiendra compte de onze années consécutives d'une administration sage, active et intelligente. Son nom figurera avec distinction à côté de celui de son prédécesseur, Praire-Royet, dont il a continué l'œuvre, et dont il aurait, sans aucun doute, partagé le dévouement, si les circonstances l'eussent ordonné.

En 1831, M. Hyp. Royet ayant donné sa démission,

la commune fut administrée provisoirement par M. H. Paliard, R. Deprandière et A. Royet, adjoints.

La ville était grevée de dettes, le conseil municipal vota pour y faire face une contribution extraordinaire de 15 centimes par franc du capital des impôts directs, celui des fenêtres excepté.

Les appréhensions d'une guerre européenne avaient arrêté l'essor de l'industrie rubanière. Beaucoup de passementiers s'éloignèrent de Saint-Etienne, d'autres qui restaient sans ouvrages furent occupés à des travaux de terrassemens. De nombreux attentats furent alors commis autour de la ville. A Saint-Victor-sur-Loire une bande armée de malfaiteurs blessa des habitans et dévasta les propriétés.

Une somme de 271,168 francs ayant été accordée au département de la Loire sur le crédit des trente millions ouverts par la loi du 17 octobre, afin d'être employée en prêts ou avances au commerce et à l'industrie, 171,000 francs furent confiés dans l'arrondissement à des fabricans atteints par la crise commerciale.

L'industrie des armes de guerre avait pris seule beaucoup d'activité. Les fabricans d'armes de luxe furent autorisés à confectionner des fusils n° 1. On remarqua que la population de Saint-Etienne qui, en 1826, comptait (*intra muros*) 57,051 habitans, fut réduite cette année à 55,064 habitans.

Le 2 février eut lieu un événement semblable à celui de 1812, où H. Coffin, ouvrier-mineur des environs de Liége, se signala d'une manière si remarquable, et qui retentit dans toute la France.

Une mine de houille, située au bois Monzil, fut subitement inondée, par suite de l'irruption d'une énorme masse d'eau provenant d'anciennes galeries abandonnées. Plusieurs ouvriers parvinrent à s'échapper, mais seize restèrent enfermés.

Aux premières nouvelles de la catastrophe on chercha avec des pompes à tirer l'eau de la mine, moyen qui ne fut pas assez prompt. Des recherches actives furent alors commencées dans l'espoir d'arriver jusqu'aux mineurs dont on entendait les coups redoublés. Un sondage fut d'abord poussé jusqu'à eux, puis une communication établie; enfin, après 156 heures d'angoisses et de travaux non-interrompus, on retira huit ouvriers vivans encore; huit autres de leurs camarades ayant été noyés ou asphyxiés par défaut d'air respirable.

Tous les citoyens sans distinction rivalisèrent de zèle et la garde nationale organisée en corps et avec ordre contribua à surveiller et à activer les travaux. MM. Delsériès et Gervoy, ingénieurs des mines, reçurent à cette occasion la décoration de la Légion-d'Honneur; deux médailles d'or furent également décernées à M. Bonnefoy, curé de Villars et à M. Soviche, médecin; des médailles en argent furent distribuées à quelques directeurs de mines et à plusieurs ouvriers, pour la part active que chacun d'eux avait prise à la délivrance des infortunés mineurs. MM. Smith, procureur du roi, et Soviche, médecin, publièrent sur cet événement des relations qui excitent encore aujourd'hui le plus vif intérêt.

A la fin de février, les membres des nouveaux conseils de département et d'arrondissement, soumis au choix de l'autorité, furent désignés : le premier, composé de 20personnes, en compte sept prises dans le sein de l'arrondissement. Ce furent, pour St-Etienne, MM. Peyret-Lallier, Terme, Jovin-Deshayes et Montanier. Le second fut composé de 11 membres, au nombre desquels on désigna nos concitoyens : MM. Bayon et Prandière.

Le 5 mars, éclata une émeute provoquée par la création d'une usine à vapeur, au lieu des Rives, pour la fabrication au laminoir des canons de fusil. L'autorité fit au peuple une adresse, où elle proclama le grand principe de la liberté d'industrie ; et afin d'éclairer les ouvriers sur leurs véritables intérêts, elle leur rappela différens exemples qui prouvent que les nouveaux procédés, bien qu'ils froissent au début quelques existences, finissent par améliorer le sort de la classe ouvrière.

« Lorsque le célèbre Jacquard, dit-elle, inventa son ingénieux procédé pour la fabrication des tissus, cette découverte nouvelle inspira les mêmes craintes aux ouvriers qui travaillaient sur les anciens métiers.

« Les premières machines à vapeur qui ont été employées pour l'extraction des charbons de terre, excitèrent aussi les plaintes des ouvriers mineurs ; leur industrie, suivant eux, était perdue.

« Le canal de Givors devait, disait-on, ruiner les voituriers qui opéraient péniblement les transports des charbons à dos de mulet.

« En 1790, un sieur Sauvade établit à Saint-Etienne une mécanique pour les fourchettes en fer battu ; les ouvriers de cette partie s'y opposèrent. L'établissement. fut détruit. Cette industrie, repoussée à Saint-Etienne, s'est établie à Mirecourt où elle prospère.

« Les vis en bois étaient autrefois à St-Etienne une branche de commerce fort importante ; elle s'est perdue depuis qu'on a établi à Beaucourt des mécaniques qui en ont activé la fabrication. N'eut-il pas été à désirer qu'un de nos manufacturiers eut conçu l'idée d'un semblable mécanisme? Il eut ainsi conservé cette fabrication à notre pays, qui maintenant en recueillerait les fruits (1). »

C'est ainsi que l'autorité cherchait à éclairer le peuple et à le détourner de la voie funeste où voulaient l'entraîner des êtres pervers et égarés : ses conseils ne furent malheureusement pas écoutés.

Une bande tumultueuse d'environ 2,000 individus de tout âge et de tout sexe se porta sur les lieux où furent commis des actes de violence et de destruction.

L'alerte ayant été donnée dans la ville, la générale battit dans toutes les rues. Un détachement de la garde nationale placé en observation, ainsi qu'une compagnie de canonniers qui arriva en même temps, ne purent parvenir à sauver l'établissement des premières attaques. Quelques coups de feu furent même tirés pour effrayer les malfaiteurs, mais sans aucun résultat.

---

(1) Un exemple également frappant fut offert à Saint-Etienne dès l'importation des métiers de barre qui, dans la prévention de quelques fabricans et des ouvriers, devaient entraîner la ruine de la fabrique de rubans ; procédés qui ont, au contraire, si puissamment contribué à son développement. Un autre exemple non moins évident, est celui des chemins de fer qui, suivant un grand nombre de personnes, devaient compromettre beaucoup d'existences et porter préjudice à la propriété, mais qui ont été, il est impossible de le nier, un immense bienfait pour le pays. Les grands avantages que les masses en général retirent de ces établissemens, doit faire taire les petits intérêts froissés au début; on ne saurait trop le répéter.

Des renforts de gardes nationaux, au nombre desquels on remarquait l'ex-maire, M. Hyp. Royet, en simple costume de garde national, le commandant Dupré et d'autres officiers de notre ancienne armée, arrivèrent bientôt et dissipèrent le rassemblement.

Un homme qui, plus tard figurera d'une manière bien triste dans des circonstances différentes, se distingua par son courage et sa force herculéenne. Le caporal Caussidière lutta long-temps contre les assaillans et reçut même quelques contusions en combattant alors pour la défense des lois et de la propriété.—Plusieurs des révoltés les plus exaspérés furent arrêtés et condamnés par la cour d'assises. Cet événement fit sentir la nécessité d'avoir à Saint-Etienne une force militaire qui put en imposer à la multitude. Un bataillon du 6e de ligne fut, en conséquence, envoyé dans cette ville où l'on a depuis cette époque entretenu garnison.

Le 1er mai il y eut un grand mouvement à Saint-Etienne pour le second anniversaire de la fête de Louis-Philippe. Une messe en musique fut célébrée et des morceaux analogues à la circonstance furent exécutés alternativement par les deux corps de musique de la garde nationale qui rivalisèrent de zèle et de talent. Une revue magnifique eut lieu à la suite, et un banquet auquel présida la plus franche cordialité, termina cette journée qui comptera parmi nos plus beaux jours.

Le 1er juillet, MM. Ardaillon et F. Robert furent élus députés : le premier par le collége électoral de Saint-Chamond, et le second par celui de Saint-Etienne.

En septembre, les deux légions de la garde nationale ayant été refondues en une seule, M. L.-Hyp. Royet fut désigné colonel et M. L. Ranchon lieutenant-colonel. Ils étaient les premiers candidats de la liste décuple formée conformément à la loi du 22 mars. Ils furent reconnus le 4 septembre en présence de toute la légion et d'un bataillon du 9° léger, alors en garnison dans cette ville ainsi que d'un immense concours de la population. M. Teissier, sous-préfet, au milieu de son allocution, s'exprima ainsi : « Il est heureux pour vos magistrats ce jour où ils voient réunis dans ce corps nombreux l'élite des citoyens, et à leur tête les chefs si dignes de leur confiance qu'il se sont donnés par un libre choix et d'après leur conviction ; et vous aussi, M. le colonel, vous êtes l'élu des Stéphanois. En vous plaçant à la tête de vos compatriotes, de cette généreuse population qui avait une dette de reconnaissance à acquitter envers vous, le roi n'a fait qu'adopter, que confirmer la plus honorable candidature. »

Au mois d'octobre eurent lieu les élections municipales, d'après le mode indiqué par la nouvelle loi. Les citoyens furent généralement peu exacts à remplir leurs devoirs d'électeurs, l'indifférence publique prédominait.

A la fin de cette année, la compagnie du canal de Givors sollicita et obtint une ordonnance royale pour le prolongement de sa voie navigable jusqu'à la Grand-Croix. Elle eut peut-être mieux fait de mettre le canal en communication par un chemin de fer avec les bassins de Saint-Etienne et de Firminy.

Vers la même époque, le beau pont suspendu d'Andrézieux était ouvert au public, et l'administration des postes établissait un service direct pour le transport des dépêches jusqu'à Roanne.

12

La ville de Saint Etienne renouvela sa demande du chef-lieu de la préfecture. Des Mémoires furent publiés, le premier par M. Smith, procureur du roi, sur l'*Importance de l'arrondissement de Saint-Etienne, considéré sous le rapport de l'administration de la justice;* l'autre par M. Peyret-Lallier, membre du conseil municipal et de celui du département, intitulé : *De la Nécessité d'établir à Saint-Etienne le chef-lieu de la préfecture:*

1852. — L'horizon s'était rembruni. L'administration municipale était devenue difficile. Une dette considérable pesait sur la ville. Les travaux de fabrique étaient ralentis. On cherchait à répandre dans le public des doctrines pernicieuses. Il fallait un homme éclairé, actif et prudent pour mettre de l'ordre dans les finances, liquider une foule de réclamations litigieuses, maintenir l'ordre public et fonder les établissemens utiles que réclamait la localité. M. E. Peyret-Lallier fut nommé maire. Cet administrateur s'occupa avec autant de persévérance que de succès de l'amélioration des ressources municipales et de la liquidation d'un passif effrayant : les abus furent suprimés, l'exactitude fut imposée aux employés et la régularité fut apportée dans toutes les parties de l'administration.

Dès son entrée à la mairie, M. Peyret-Lallier s'occupa de la construction de la fontaine monumentale projetée sur la place Chavanelle, ainsi que des bornes-fontaines à la place aux Bœufs, au Grand-Gonnet et à Marengo. Plus tard, il fit déplacer celle de la place Royale et la fit réédifier sous la direction de l'architecte Charnal.

A la nouvelle du choléra qui sévissait cruellement sur la population de Paris, le maire fit faire, avec les fonds de souscriptions volontaires, des préparatifs pour assurer, en cas d'invasion de ce terrible fléau, des secours aux personnes qui en seraient atteintes. M. le docteur Soviche (1), un des chirurgiens des hospices, se rendit spontanément à Paris pour étudier la maladie régnante. Il y visita tous les établissemens infectés et consulta les meilleurs praticiens de l'époque (2); à son retour, il publia sous le titre de : *Conseils aux habitans de Saint-Etienne*, le résultat de ses observations sur les causes, les effets et le traitement de ce mal extraordinaire qui désolait la capitale, et cet ouvrage fut répandu par l'autorité supérieure dans toutes les communes du département. Le 1er août, le choléra asiatique se déclara dans la commune de Serrière (Ardèche), limitrophe de l'arrondissement de Saint-Etienne, mais il fit peu de ravages (5).

(1) Auteur d'un Mémoire auquel une mention honorable a été décernée par l'Académie de Lyon, le 7 septembre 1821, intitulé : *Des Hôpitaux et Secours à domicile.*

(2) Parmi eux, se distinguait le célèbre Lisfranc de Saint-Paul-en-Jarrèt, chirurgien en chef de la Pitié.

(5) On ne remarqua cette année dans l'arrondissement aucune altération notable dans la santé des habitans. Les chiffres officiels ne portent qu'à 314, le nombre des décès du mois de juin, et 520 ceux de juillet, ce qui peut être attribué en partie aux précautions hygiéniques observées par la population, tandis qu'en 1830, 1833 et 1834, où l'on fut agité par les commotions politiques, la mortalité fut plus considérable. Il a été reconnu qu'à Saint-Etienne et à Lyon il y a eu dans ces deux dernières années plus de décès proportionnellement aux autres villes du royaume. Il faut noter qu'à Saint-Etienne les décès dans les hôpitaux sont en temps ordinaire inférieurs à ceux des établissemens des autres grandes villes. Très-peu de fièvres et de maladies épidémiques et contagieuses. Les cas les plus fréquens se réduisent aux inflammations et aux douleurs rhumatismales. Mais d'un autre côte, les exemples d'une grande longévité y sont

Cette année, la route royale de Saint-Etienne à Annonay fut ouverte à la circulation. Des voitures publiques furent établies pour communiquer d'une ville à l'autre, tandis qu'auparavant les transports n'avaient lieu qu'à cheval et à dos de mulet.

En 1833, les travaux industriels reprirent de l'activité et les ressources de la ville augmentèrent soit par l'amélioration des produits de l'octroi dont les perceptions furent mieux surveillées, soit par l'économie apportée dans les dépenses. Le 2 janvier, le maire, en rendant compte au conseil municipal de la situation financière, crut pouvoir proposer la suppression de la contribution extraordinaire qui pesait sur la ville. Cette communication fut vivement accueillie, et l'on vota à l'unanimité des remercimens à M. Peyret-Lallier *pour sa bonne administration et les heureux résultats qui en étaient la suite.*

La ville avait acquis de M. Eyssautier un cabinet d'histoire naturelle. On y joignit une collection des produits de l'industrie locale. Conception heureuse, éminemment utile, qui a pour but de stimuler les artistes, de faire connaître les talens ignorés et de signaler les perfectionnemens nouveaux. Une bibliothèque publique fut également formée dans une des salles de l'hôtel-de-ville. Elle fut en partie composée des ouvrages provenant des anciens couvents, des dons volontaires sollicités par M. Brun, libraire, et des ouvrages ac-

fort rares : ce n'est que dans les communes élevées de notre arrondissement, comme quelques-unes des cantons de Saint-Chamond et de Saint-Genest-Malifaux où l'air est vif et les habitudes tranquilles, que l'on peut trouver quelques centenaires.

cordés par le gouvernement. Ces établissemens ouverts dans le même temps au public attestent le zèle de l'administrateur qui y a le plus contribué. Ses successeurs continueront à suivre ses vues par l'accroissement du musée, de la collection des produits industriels et de la bibliothèque.

Cette année le nombre des instituteurs primaires fut augmenté, le bureau de bienfaisance fut réorganisé sur de plus larges bases.

On fit au mois de mai l'inauguration de la chapelle de la Providence, et au mois de novembre eut lieu l'ouverture d'une caisse d'épargne, établissement non moins utile que moral (1).

Le séjour des soi-disant apôtres de Saint-Simon ayant exalté l'imagination de quelques individus de la classe ouvrière, des troubles éclatèrent à Saint-Étienne et faillirent compromettre a tranquillité de la ville. Un chanteur nommé Mallet, émissaire de propagande radicale, réunissait tous les soirs un nombreux auditoire autour de son tréteau placé devant l'hôtel-de-ville. Là d'une voix de stentor, il amusait le public, gratis, de ses chants et de ses lazzis dirigés contre le gouvernement. La police lui fit défendre de reparaitre. Une foule de jeunes gens de la classe ouvrière, irrités de cette interdiction, parcoururent la ville avec un drapeau,

(1) Cet établissement ne recevant pas à son début l'accroissement qu'on avait lieu d'en espérer, M. Peyret-Lallier fit distribuer dans la classe ouvrière un grand nombre d'exemplaires d'un petit ouvrage intitulé : *Instructions sur les Caisses d'épargne*, et rédigé par M. Soviche, l'un des directeurs. On remarqua, depuis, un accroissement sensible de dépôts à la caisse d'épargne de Saint-Étienne.

chantant des chansons séditieuses ; et, poussant des vo-
ciférations. A une heure avancée de la nuit, ils vinrent
s'installer sur le péristyle de l'hôtel-de-ville, réclamant
la mise en liberté du chanteur. M. Bodet, assisté de la
force publique, mit fin à cette mutinerie, en s'emparant du drapeau porté par les perturbateurs. Le chanteur Mallet, mis en arrestation, fut rendu à la liberté à
condition de quitter la ville.

1834. — Les idées saint-simonniennes venaient à
peine de tomber sous le ridicule, que le républicanisme
chercha à se faire jour. Des associations se formèrent à
Saint-Etienne : l'une, toute politique, était composée de
sections ou ventes charbonnières qui, sous le titre de
Société des Droits de l'Homme, correspondaient avec
celles de Lyon et de Paris ; l'autre, sous le nom d'*Association Stéphanoise,* se divisait en deux catégories :
les Mutuellistes, chefs-d'atelier, et les Ferrandiniers,
ouvriers-compagnons. Il n'y avait point d'unité de vues,
ni d'intention entre les deux sociétés. La première,
composée d'un petit nombre de jeunes gens paresseux
et dissolus, n'avaient d'autres but que de vivre au
milieu du désordre ; la seconde comptait des centaines
d'ouvriers plus ou moins aisés qui cherchaient à améliorer leur condition par la hausse des salaires, mais,
certes, ne prévoyaient pas les piéges tendus par l'esprit
de parti. Telle fut l'origine des troubles qui éclatèrent
dans les journées de février et d'avril, épisode des plus
intéressans et des plus instructifs de notre histoire con-
temporaine.

Le 19 février, le décès d'un passementier donna
lieu à une manifestation qui fut la preuve de l'agi-

tation des esprits. Un convoi de 1,000 à 1,500 individus se déploya dans les rues de la ville jusqu'au cimetière. Là fut prononcé, par un Ferrandinier, malgré l'opposition du plus grand nombre des assistans, une harangue véhémente, où des allusions fort claires étaient faites sur la situation des choses. « *Si Lyon lève l'étendard,* y disait-on, *Saint-Étienne suivra de près.* » Certainement ce langage n'était pas celui des masses, mais il émanait de l'association républicaine qui poussait au désordre.

Le 20 au soir, une bande de sectionnaires, conduits par Caussidière, le chef de la propagande à St-Étienne, parcourut la ville aux chants de la *Parisienne,* de la *Marseillaise* et de la *Carmagnole.* Arrivés devant l'hôtel-de-ville, les perturbateurs insultèrent la sentinelle, mais ils se retirèrent bientôt devant la force militaire.

Le 21, dans l'après-midi, une réunion des mêmes individus eut lieu à *la Montat,* dans un cabaret, où l'on arrêta le projet de renouveler les désordres du jour précédent. Ils attendirent, en effet, des affiliés qui arrivaient de Lyon, et aussitôt après, un attroupement considérable partait du café de la Tribune, rue Saint-Louis, lieu de réunion des sociétaires républicains, et se dirigeait vers l'hôtel-de-ville aux mêmes chants que ceux de la veille, mais auxquels se mêlaient quelques cris de *Vive la République !* La police à laquelle on signalait des étrangers parmi les plus exaltés du groupe, voulut s'emparer d'eux. Une lutte s'engagea dans laquelle le commissaire de police, Chapon, fut blessé grièvement d'un coup de stylet. L'auteur de cet attentat est demeuré inconnu. Trois ou quatre des perturbateurs ayant été arrêtés, l'ordre fut donné de les conduire en prison. *Aux armes !* s'écriait celui qui, par sa stature, sa force peu commune et son énergie morale, se montrait le chef redoutable de la bande : *Lâches, laisserez-vous emmener vos camarades, mort à la police !..* Bientôt après à la porte de la prison, un agent, le malheureux Eyraud, père de famille, homme aussi aimé de ses égaux qu'estimé de ses supérieurs, tombait sans vie, frappé par derrière d'un coup de poignard. Une vingtaine d'individus impliqués dans cette affaire furent poursuivis et arrêtés. L'un d'eux, le principal accusé, fut condamné plus tard par la cour des pairs à **20** ans de détention et mis pendant toute sa vie sous la surveillance de la haute police.

C'est ainsi que le parti républicain préludait aux journées d'avril, d'abord par des promenades, par des chants, puis par des cris séditieux, par l'assassinat !...

Toutes les personnes graves qui ont pris connaissance de ces actes rendent justice à la population de Saint-Etienne. « L'association industrielle, dit M. Sers (1), se tint complètement éloignée du mouvement qu'on avait tenté et l'association politique est restée seule pour agir. » « Malgré la gravité de ces événemens, ajoute M. Martin du Nord (2), la population de Saint-Etienne n'y avait pas pris part; elle avait même manifesté un véritable éloignement et une extrême défiance pour les suggestions des meneurs républicains. Ceux-ci adoptèrent donc une marche détournée. Ils se mirent à la

(1) *Moniteur* du 15 décembre 1835.
(2) *Moniteur* du 15 mai 1835.

suite des ouvriers, les poussèrent à des discussions fréquentes sur des intérêts de fabrique, s'attachèrent à perpétuer et envenimer les discussions, afin de trouver les esprits préparés au jour où il leur conviendrait de donner le signal de la révolte. »

Les manœuvres devinrent plus actives à l'époque de la loi sur les associations. Les passementiers stéphanois, séduits par des espérances fallacieuses, encouragés peut-être par des hommes trompés eux-mêmes, s'arrogèrent, comme avaient fait les ouvriers lyonnais, le droit d'imposer aux fabricans un tarif pour le prix des façons et même d'interdire ceux qui ne voulaient pas s'y soumettre. La majeure partie des négocians en rubans, dans la crainte de ne pouvoir remplir les commissions déjà entreprises, courbaient la tête sous ce nouveau joug révolutionnaire. Une maison, cependant, donna l'exemple d'une courageuse résistance. MM. Parayon et Baroulier traduisirent devant le conseil des prud'hommes quelques ouvriers qui, ayant accepté de l'ouvrage, refusaient, d'après les ordres des chefs de sections, de l'exécuter. Ce tribunal, présidé par J.-C. Peyret, se montra digne de son honorable mission, et après avoir épuisé toutes les voies conciliatrices, malgré les huées et les menaces d'une foule turbulente, il appliqua la loi aux récalcitrans.

Cette affaire agitait la population de Saint-Etienne, lorsque les événemens de Lyon éclatèrent. Dès le 10 avril au matin, un interdit général fut lancé par les sections sur tous les métiers, soit à la ville, soit à la campagne. Des conciliabules permanens furent tenus chez les meneurs qui proposèrent entr'eux les mesures les plus incendiaires. En effet, un grand nombre d'habitations furent marquées pendant la nuit de ces initiales P. B., *pillés, brûlés*. Le 11 au matin, des bandes d'ouvriers-compagnons firent, aux chants de la *Marseillaise* et de la *Parisienne*, une grande et menaçante promenade sur toute la ligne qui traverse Saint-Etienne du nord au midi. La plus vive inquiétude se manifesta. Les personnes timorées se hâtèrent de quitter la ville, et les ouvriers honnêtes débordés commencèrent à entrevoir l'abîme qui s'ouvrait devant eux. Ils gémirent, sans doute, mais trop tard des excès qui allaient se commettre en leur nom et malgré eux. Cette crainte porta quelques-uns de leurs syndics à solliciter MM. Parayon et Baroullier à consentir à renoncer au bénéfice du jugement des prud'hommes, ce qui devait, pensaient-ils, ôter tout prétexte aux agitateurs. Mais quelle était leur erreur? Cette concession, bien loin de calmer les esprits, provoqua de nouvelles violences. Des personnes désintéressées s'étaient rendues au milieu des ouvriers dans un but de paix et de conciliation, ils ne purent parvenir à se faire écouter, tant était grande l'agitation. Il ne leur fut même pas permis de se retirer. Quelques individus désapprouvant la conduite de leurs camarades, voulurent également faire des représentations à la multitude, mais leur voix fut aussitôt couverte par ces cris : *Aux armes ! à l'hôtel-de-ville, marchons au secours de nos frères de Lyon, les syndics ont trahi !* Quelqu'un leur dit : *Mais vous n'avez pas d'armes !* ils répondirent : *Les soldats en ont !* Au même instant une démarche était faite auprès du préfet Sers pour l'engager à revêtir de sa sanction le traité accepté par

MM. Parayon et Baroullier. Cet administrateur congédia le porteur de propositions, en lui disant : *Nous ne sommes pas ici pour traiter, mais pour faire exécuter la loi.*

Les autorités civiles et militaires avaient pris les mesures nécessaires dans une circonstance aussi difficile. Le préfet, installé à Saint-Etienne, s'était concerté avec le général Pégot, le capitaine de gendarmerie, Fumat, et l'autorité municipale. Toutes les brigades du département avaient été réunies et formaient un corps d'élite de 100 hommes tant à pied qu'à cheval, un bataillon du 16e léger et un autre du 28e de ligne formant environ 600 hommes, furent mis sur le pied de guerre. Quelques gardes nationaux, officiers et soldats, réunis à l'hôtel-de-ville, formèrent un corps d'hommes bien déterminés, sous le commandement de leur digne colonel, M. Hyp. Royet, toujours le premier à donner l'exemple du courage et du dévouement. Les quatre pièces de canon de la ville furent confiées d'une part à quelques artilleurs de la garde nationale, et de l'autre, à un grand nombre d'artilleurs de marine faisant partie de la garnison, et qui furent placés sous le commandement du chef d'escadron et des capitaines d'artillerie attachés à la manufacture royale.

Les munitions manquaient. On s'occupa à confectionner des cartouches, et des ordres furent donnés à l'établissement de M. Ardaillon, à Saint-Chamond, pour y faire fondre une certaine quantité de projectiles. On releva tous les postes; on évacua les casernes et toutes les forces disponibles se concentrèrent autour de l'hôtel-de-ville. Deux détachemens seuls furent chargés de protéger, l'un la manufacture d'armes et l'autre la prison où se trouvaient heureusement détenus, depuis les journées néfastes de février, les plus dangereux affiliés de la *Société des Droits de l'Homme*.

Vers quatre heures de l'après-midi, des bandes nombreuses parcouraient les rues, les unes s'approchant de l'hôtel-de-ville, aux cris de : *Vive la ligne !* à bas la garde nationale ! les autres poussant des cris séditieux, excitant à la révolte, attaquant les soldats isolés et brisant les réverbères.

A cinq heures, trois ou quatre mille individus, à la tête desquels se faisait remarquer le nommé Reverchon, armé de deux pistolets, se portèrent sur la place Chavanelle et cherchèrent à forcer la porte de la manufacture d'armes. Deux compagnies de la ligne envoyées pour protéger cet établissement, débouchèrent par la rue Notre-Dame, précédé du commissaire de police, Bédrine, revêtu de son écharpe. Cet officier public, employa en vain ses exhortations les plus pressantes auprès de la foule, au milieu de laquelle se trouvaient des femmes et des enfans, afin de l'engager à se retirer. *Ce ne sont pas des invitations qu'il nous faut,* lui crièrent quelques individus, *mais bien des sommations.*

Les barricades commençaient à s'élever aux abords de la place. A l'arrivée des gendarmes qui vinrent se ranger en bataille devant l'infanterie, les menaces, les injures, les cris ne discontinuèrent pas. Au contraire, une grêle de pierres fondit sur la troupe. Des coups de feu partirent des fenêtres, des allées ; le lieutenant Caron et trois soldats furent grièvement blessés. On ne pouvait pas pousser plus loin la longanimité, sans compromettre le sort de la troupe. Plusieurs feux de peloton furent alors ordonnés, avec recommandation de tirer haut, mais comme leur peu d'effet semblait enhardir les assaillans, on fit charger la cavalerie qui, en un instant eut balayé toute la place.

La manufacture royale se trouvant dégagée, la gendarmerie, conformément aux ordres de ses chefs, regagna l'hôtel-de-ville, non sans essuyer quelques coups de feu le long des rues. Bientôt après, les insurgés reparurent sur la place Chavanelle en criant : *Aux barricades !* En effet, les uns se mirent à en construire aux divers débouchés, tandis que les autres se portaient aux croisées, dans les allées, jusque sur les toits des maisons d'où partait une vive fusillade contre la troupe. Mais la gendarmerie ne tarda pas à reparaître, et, de concert avec la ligne, les barricades furent bientôt enlevées, et les insurgés dispersés sur tous les points.

Au même instant d'autres barricades se formaient au débouché de la rue de Foy, sur la place Royale et à l'extrémité de la rue du Grand-Moulin, près la croix de mission ; deux compagnies de voltigeurs ayant été lancées au pas de charge, les barricades se trouvèrent aussitôt abandonnées.

Battus et dispersés, les rebelles ne purent effectuer que des tentatives partielles. Ils se firent ouvrir de force plusieurs maisons, et du haut des toits et des fenêtres jetaient des pierres ou tiraient des coups de fusil sur la troupe. Ils essayèrent, mais sans succès, d'enfoncer les portes de l'église de Sainte-Marie pour sonner le tocsin ; ils envahirent le domicile de plusieurs armu-

riers, à l'un desquels un récépissé d'armes fut ainsi délivré :   !fl'

*Un bon de quatre fusi sera payez au compte de l'admi-
nistration de la république.*

Le 11 avril 1834.

Signé REVERCHON, JOANNY.

La nuit fut plus tranquille qu'on n'avait osé l'espérer,
après les scènes déplorables de la veille. Quelques misé-
rables cependant profitèrent de l'obscurité pour tirer
quelques coups de fusil sur le poste placé au bas de
l'hôtel-de-ville du côté de la place Marengo. La troupe
répondit par des feux de peloton qui écartèrent les
assaillans.

L'hôtel-de-ville avait été mis sur un pied respectable
de défense. Quatre pièces de canon en gardaient les
abords. Situé entre deux vastes places, sur une longue
ligne qui permettait à la troupe de se porter en un instant aux deux extrémités de la ville, cet édifice fut une
espèce de citadelle où s'établit la force militaire. Son
aspect présentait tous les appareils de la guerre. Ici des
caissons et des boulets amoncelés, là des canons et des
artilleurs, la mèche allumée, des soldats en faction ou
étendus pêle mêle sur la paille, au milieu des armes et
des chevaux.

Le temps était très-froid. Des feux de bivouac entre-
tenus sur plusieurs points, éclairaient seuls, pendant la
nuit, cette scène nouvelle dans notre cité manufacturière : ailleurs, les réverbères étant brisés, régnait la
plus complète obscurité, le plus morne silence. Seulement on entendait de temps à autre les pas saccadés
d'une patrouille ou les *qui-vive* lointains des sentinelles.

La journée du 12 fut assez paisible. Les factieux avaient reconnu leur faiblesse, et la justice reprenait son cours. Des ordres furent proclamés pour limiter la circulation et assurer la sûreté des citoyens. Dans la matinée, un demi-bataillon du 25ᵉ de ligne arriva du Puy, et dans la soirée un détachement de la garde nationale de Montbrison, entra à Saint-Etienne précédé de militaires et municipaux qui étaient allés à sa rencontre. Cette manifestation d'une ville rivale, sous le rapport de la prépondérance administrative, et, qui déjà à une autre époque non moins critique a donné au pays des preuves d'un généreux dévouement, produisit un excellent effet sur notre population.

Vers les dix heures du soir, on éprouva une alerte qui porta l'effroi dans toute la ville. Un détachement composé en nombre égal de militaires et de gardes nationaux, sous le commandement du lieutenant Malaure, fut chargé d'aller renforcer le poste de la manufacture d'armes. Assailli, en débouchant sur la place Royale, par une fusillade partie de la vieille ville, mais qui n'atteignit qu'un seul homme, la troupe, quoique dans la plus complète obscurité, riposta avec ordre par deux feux de peloton et continua sa route sans hésiter.

Le lendemain, le préfet rendit un arrêté qui suspendait les gardes nationales de Saint-Etienne, Montaud et Outre-Furens, et ordonna le dépôt des armes. Cette mesure était motivée sur le grand nombre de gardes nationaux qui n'avaient pas répondu à l'appel de l'autorité, et par la crainte que quelques-uns d'eux ne fissent un mauvais usage des armes qui leur avaient été con-

fiées. La garde nationale est, sans contredit, une institution belle, imposante et nécessaire pour le maintien de
l'ordre public, mais si elle refuse de remplir la mission
qui lui est donnée de faire respecter les propriétés et
observer les lois, elle est alors inutile (1).

Dès ce jour, la tranquillité fut complètement rétablie
à St-Etienne et dans les faubourgs. Les nouvelles de Lyon
étant plus rassurantes, on put rétablir divers postes qui
avaient été supprimés. La justice n'éprouva plus de résistance pour exercer son action. On opéra de nombreuses
arrestations d'individus surtout étrangers à la ville. En
effet, il est à remarquer que dans le nombre des délin-
quans traduits, par suite des faits précédens, en police
correctionnelle, très-peu étaient nés à Saint-Etienne, et
que lors du grand procès jugé devant la cour des pairs,
la justice n'eut à sévir que contre un seul Stéphanois.

Tel fut le résultat de ces associations, qui, présentées
sous les apparences de la philanthropie, tendaient à
armer les citoyens les uns contre les autres, à jeter la
perturbation dans les travaux de l'industrie, et à chan-
ger la forme du gouvernement ainsi que nos institutions
sociales.

(1) Dans des momens pareils de calamité publique, où des passions
contraires agitent la population, où les citoyens d'une même ville, industrielle surtout, parens et amis, maîtres et ouvriers, sont animés les uns
contre les autres, ne convient-il pas de mettre à l'écart cette garde nationale composée d'élémens différens, et de laisser agir la troupe de ligne
plus impassible et moins exposée à la haine des partis? C'est à l'autorité
supérieure à savoir distinguer le moment où elle peut, sans danger, mettre à profit la coopération des citoyens, de celui où elle doit prudemment
refuser leur concours. Que de maux ce sage discernement eut évité dans
les désastreux événemens de novembre, à Lyon!

Dès que les causes de désordres eurent disparu, le commerce de Saint-Etienne reprit toute son activité. La bonne harmonie se rétablit entre les fabricans et les ouvriers. Chacun rivalisa d'efforts pour le perfectionnement de ses produits, ce qui fit bientôt perdre le souvenir des discordes passées.

En mai 1834, eut lieu à Paris l'exposition publique des produits de l'industrie française. Les fabriques de notre arrondissement y furent représentées par des objets qui soutinrent leur ancienne renommée. Les rubans, les armes, la quincaillerie s'y firent remarquer.

Au mois de juillet suivant, M. E. Peyret-Lallier, maire de Saint-Etienne, fut élu membre de la chambre des députés où il appuya avec zèle toutes les propositions d'ordre et d'intérêt public.

Dans la nuit du 26 au 27 août, il y eut une inondation générale dans tout le département de la Loire, produite par une pluie continue qui dura pendant trois jours. A Saint-Etienne, il devint dangereux de circuler dans quelques rues. Le Furens et ses affluens grossirent considérablement. A l'entrée des voûtes, près du quai de l'Ecluse, l'eau s'éleva à cinq mètres au-dessus de son niveau ordinaire. Tous les fonds bordant la rivière, furent dévastés, des maisons entraînées avec leurs habitans, les travaux de mines interrompus, les routes et les chemins de fer interceptés. La bienfaisance publique se signala en cette circonstance malheureuse. Des souscriptions vinrent au secours des inondés. Des personnes de tous rangs et de tous pays s'empressèrent de contribuer à cette œuvre de charité qui produisit environ 25,000 francs. Un homme célèbre, le violoniste Paganini (1), refusa de s'y associer, ce qui lui attira de la part d'un écrivain aussi caustique que spirituel, des reproches amers sur son indifférence.

Ce fut en novembre 1854, qu'une première salle d'asile fut ouverte à Saint-Etienne aux jeunes enfans de la classe ouvrière, création nouvelle qu'un poète cher au pays a décrit avec autant de simplicité que d'élégance (2) :

> Là le cœur, là le corps de ces êtres fragiles,
> A l'abri des dangers, croissent purs et dociles,
> Façonnés de bonheur aux rigueurs du devoir.
> Tranquilles sur leur sort, du moins les pauvres mères,
> Reprennent en chantant les travaux mercenaires
>   Qui préparent le pain du soir.

A la fin de cette année, mourut à Paris M. J.-B. Dugas-Montbel, né à St-Chamond, auteur de plusieurs ouvrages publiés ou inédits. « Traducteur élégant, savant commentateur de l'Iliade et de l'Odyssée, dit M. Bignan, il a su reproduire avec goût, analyser avec profondeur le génie du chantre des âges héroïques. » Trois fois appelé à représenter le département du Rhône, il ne parut à la tribune législative que pour demander l'abolition de la peine de mort. M. Dugas-Montbel a laissé à sa ville natale sa riche bibliothèque

---

(1) Il refusa, à la sollicitation de M. Jules Janin, de donner à Paris, au bénéfice des inondés, un concert qui n'aurait pas rapporté moins de 10,000 fr.

(2) L'*Asile*, stances composées par M. Coignet, en décembre 1840, à l'occasion d'un établissement pieux, fondé à St-Chamond par Mme veuve Fournas, femme de l'ancien député de ce nom.

et une assez nombreuse collection de manuscrits précieux, confiés aux soins et à la surveillance de M. Coignet. Il a de plus consacré des sommes importantes à la conservation des objets de sa munificence. Puisse cet exemple d'un homme de bien, dotant, sans aucune restriction, sa patrie de son nom et d'établissemens libéraux, trouver des imitateurs !

1855. — Des difficultés étant survenues entre le public et la compagnie du chemin de fer de Lyon, une commission d'enquête fut formée le 12 mai à Saint-Etienne, à l'effet de donner son avis sur les questions agitées. Cette commission a publié son rapport très-développé qui a été rendu public, d'abord sous le titre de : *Rapport et Avis de la Commission d'enquête,* accompagné d'une carte gravée des chemins de fer du département de la Loire, puis sous celui de : *Lois Européennes et Américaines sur les Chemins de fer,* précédé ou suivi de notices industrielles par MM. Smith, Michel Chevalier et Gervoy.

Le service des postes du département de la Loire, était éloigné de ce qu'il devait être. Quelques améliorations avaient été apportées, mais elles étaient insuffisantes. La direction par Saint-Etienne de la malle de Moulins fut avantageuse à l'administration des postes, ainsi que d'une grande importance pour notre ville qui devint comme Lyon un point intermédiaire entre le nord et le midi (1). Le premier passage eut lieu le 1er août.

Le 25 octobre de cette année, mourut à Lyon M. G.-V.

(1) Cette amélioration avait été réclamée dès 1851, par M. J.-J. Baude. Bul. Ind , tome 9, page 109.

Jovin-Bouchard, un des entrepreneurs de la manufacture d'armes, membre du conseil municipal, qui a
légué à la ville diverses sommes s'élevant à 550,000fr.
pour être employées à divers travaux d'utilité publique
et d'embellissemens. Ce legs, a dit M. H. Levet, est une
pomme de discorde lancée au milieu des citoyens pour
les diviser. Il faut espérer que si pendant quelque temps
il a été cause d'une division dans le conseil municipal,
le bon esprit des membres qui le composent en fera une
application utile et raisonnable, sans grever la ville de
charges trop considérables. Quoiqu'il en soit, l'on doit
de la reconnaissance aux citoyens fortunés qui affectent
une partie de leur richesse à des établissemens de bienfaisance ou d'utilité publique; et leurs noms, dégagés
de tout souvenir attristant, ont droit à une mention honorable dans les fastes de la cité (1).

Cette année parut la statistique industrielle du département de la Loire, par M. Alphonse Peyret, qui
renferme des renseignemens précieux, mais qui aura
besoin d'être renouvelée et complétée d'après les faits
nouveaux se produisant sans cesse.

(1) Mme Elvire Smith, née Tivet, décédée sans enfans, le 22 février
1840, inspirée par son excellent cœur et guidée par l'exemple récent offert par M. Jovin-Bouchard, a légué la moitié de ses biens à Saint-
Etienne, sa ville natale, à la charge de créer un atelier de travail pour
les indigens.

Cet acte fait dans des vues seules de charité, a provoqué un sentiment unanime de reconnaissance, et le souvenir d'une personne qui
contribua jadis à embellir le poétique séjour de Longiron, ne pouvait
manquer d'inspirer une muse rivale d'Aimé de Loy. Le *Domino* repro-
duisait, il y a quelques temps, sur cette jeune femme si intéressante, une
charmante élégie de M. Coignet, pleine d'une douce mélancolie.

A peu près dans le même temps, et sous les auspices de M. Sers, M. Buchet publia un annuaire administratif du département de la Loire qui ne contient aucune donnée nouvelle.

En 1856, une grande question d'intérêt public fut agitée dans le sein du conseil municipal. M. Peyret-Lallier, maire de la ville, proposait un moyen, à la fois simple et économique, de suppléer à l'insuffisance des sources qui alimentent les fontaines publiques. Il consistait, à l'instar de ce qui a été fait dans d'autres localités, notamment à Greenock, en Ecosse, à établir dans la gorge de Furens un ou plusieurs bassins d'approvisionnement, placés dans les terrains supérieurs à la ville, et qui auraient pour but de retenir dans les temps de pluie, les eaux surabondantes qui s'écoulent en pure perte.

M. Blondat, ingénieur des ponts-et-chaussées, avait exploré dans ce but tous les environs de Saint-Etienne, avec un zèle qui ne fut pas assez apprécié. Il avait dressé les plans de huit réservoirs praticables dans les gorges de Furens, de Furet et de Chavanelet, pouvant contenir ensemble près de quinze millions de mètres cubes d'eau (1). Les projets ayant été examinés par une commission spéciale, une délibération du conseil municipal des 12 mars et 26 mai, arrêta la construction d'un réservoir au lieu des Billetières, d'une capacité d'environ 552,000 mètres cubes.

Ce projet éminemment utile a éprouvé des opposi-

_____

(1) Mémoire sur l'aménagement des eaux du Furens, par Alphonse Peyret. Bul. Ind., tome 11, page 515.

tions réitérées, et quoique autorisé par ordonnance royale, il n'a pu encore recevoir son exécution.

Le 11 juillet de cette année, on a posé la première pierre d'une nouvelle église fondée dans le quartier de Polignay sous le vocable de Saint-Ennemond. Ce temple, vaisseau à trois nefs de 52 mètres de longueur sur 26, sera le plus grand de tous les édifices de ce genre qui existent à Saint-Etienne. Convenablement terminé, il fera honneur à l'architecte, M. Créput, dont le talent s'est encore révélé à la restauration de l'antique basilique de Bourg-Argental.

L'importance des transactions commerciales qui avaient lieu dans la partie Est du territoire français avait fixé l'attention du conseil administratif de la banque de France ; ne pouvant établir à Lyon, où existait déjà une banque particulière, une succursale pour s'occuper des mêmes opérations d'escompte et de recouvremens qu'elle-même fait à Paris, elle l'établit à Saint-Etienne qui, par son importance et son voisinage d'une grande ville, pouvait lui offrir un mouvement considérable de valeurs et de billets. M. H. Paliard en fut nommé directeur.

Cette année, la construction d'une caserne pour le logement de la garnison a été projetée. La ville a fait, dans ce but l'acquisition d'un vaste emplacement à la Badoulière.

On éprouvait depuis long-temps à Saint-Etienne la nécessité d'améliorer l'éclairage public. Il n'y avait pour tout luminaire dans cette ville que 200 lanternes pour éclairer un nombre de rues presque égal. La superbe traversée de la route de Roanne au Rhône de

2,200 mètres de longueur, n'en possédait que 25. Une compagnie particulière ayant proposé de remplacer l'huile par le gaz hydrogène, la concession de l'entreprise lui fut accordée pour 20 ans. Il est résulté une notable amélioration soit pour l'embellissement de la ville, soit pour l'agrément, la commodité et la sûreté des citoyens pendant la nuit. C'est à M. Jules Renaux, ingénieur plein de mérite, que l'on doit cette heureuse importation à Saint-Étienne.

Le nombre des instituteurs primaires, de quatorze a été porté à vingt-trois.

Plusieurs salles d'asile ont été ouvertes aux enfans du premier âge.

Un nouveau recensement de la population a lieu; il donne pour résultat 44,554 habitans dans la ville et 19,980 dans les faubourgs et communes de la banlieue, ou en totalité 64,414 habitans.

Les produits de la ville se sont successivement améliorés. Les droits d'octroi qui, en 1851, ne s'étaient élevés qu'à 295,000 francs, ont produit 461,039 en 1856. Cet accroissement est dû non-seulement à l'augmentation des consommateurs, résultat de l'activité des fabriques, mais encore à l'amélioration du service de surveillance des employés. Les dépenses municipales atteignirent cette année le chiffre de 579,755 francs. Les recettes ordinaires couvrirent la majeure partie de cette somme, le surplus a été couvert par des recettes supplémentaires. Au 31 décembre 1856, la ville avait en dépôt au trésor public pour être employé à divers travaux ou constructions en projets, un boni de 258,000 francs.

Ici s'arrête, après une durée de six ans, l'administration de M. Peyret-Lallier, qui s'est distingué par l'ordre, la sagesse et l'économie.

Guidé par les doctrines de J.-B. Say et d'Adam Smith, il a porté dans l'administration des affaires publiques, les vues les plus saines de l'économie sociale. A son entrée en fonctions, les finances de la ville étaient dans une mauvaise situation, il les a laissées dans l'état le plus prospère. S'il eut été secondé dans ses vues d'amélioration, il eut fondé de nouveaux établissemens d'utilité publique, tels qu'un réservoir d'eau, un mont-de-piété et un dépôt de mendicité. Ces projets, il faut l'espérer, seront repris un jour par ses successeurs qui en reconnaîtront la nécessité.

Au commencement de 1857, il se manifesta une crise commerciale qui ralentit considérablement les travaux de fabrique. Elle fut le contre-coup de celle qui avait éclaté aux Etats-Unis d'Amérique et en Angleterre. L'administration municipale occupa les ouvriers dénués de ressources à des travaux de terrassemens.

Au mois d'avril, un concours a eu lieu pour la place de professeur à l'école de dessin, en remplacement de M. Gerbaud, décédé. Trois concurrens se sont présentés, parmi lesquels M. Bruyère, élève de M. Bonnefond, a été proclamé lauréat par un jury composé de trois habiles peintres lyonnais.

Il est à désirer que la ville donne plus d'extension à l'établissement si utile de l'école de dessin. « L'avenir des deux branches de l'industrie locale, a dit un de nos administrateurs les plus éclairés, dépend en partie des progrès de cet art. » En effet, pour remplir tout son but d'utilité, l'école communale devrait, outre l'enseignement du dessin, comprendre plusieurs cours de théorie et pratique dans le genre de ceux professés à Saint-Pierre et à Lamartinière, de Lyon. Notre école possède déjà deux professeurs dont l'un est chargé des leçons élémentaires et des principes de la fleur ; l'autre dirige les élèves des classes supérieures. Il suffirait de leur adjoindre deux autres professeurs pour démontrer les notions élémentaires des principaux arts en pratique dans cette cité industrielle ; on formerait ainsi les classes suivantes :

1° Principes de dessin où chaque élève serait à même de reconnaître ses dispositions pour sa carrière future, comme ont fait les Chometon, les Antonin Moine, les Foyatier et autres qui font honneur à notre contrée ;

2° Classe intermédiaire de dessin (académie et bosse) où ne seraient reçus que les élèves qui auraient montré des dispositions naturelles ;

3° Classe supérieure de dessin (composition soit au crayon, soit à la gouache, à l'aquarelle ou à la peinture sur toile), où ne seraient reçus que les sujets les plus distingués des classes inférieures après un concours public ;

4° La fleur, indispensable aux rubans, principale industrie de Saint-Etienne ;

5° L'ornement, utile à tous les arts, mais principalement à celui qui a vu naître les Jalley, les Dupré, les Dumarest et les Galle ;

6° La sculpture, moulure et ciselure (ou le dessin en relief), à l'usage des jeunes gens qui se destineraient à la carrière des armes ou de la quincaillerie ;

7° Le dessin linéaire et l'architecture ;

8° Cours de théorie et pratique pour la composition des tissus, l'etude des montages et des armures, ainsi que de la mise en carte elle-même, tableau fidèle de l'ordre et du mouvement des lisses ; cours dans le genre de celui anciennement professé à Saint-Etienne, par M. Ph. Hedde, et dont l'ingénieux M. Maiziat, à Lyon, vient de multiplier les ressources. Là seraient expliqués les différentes opérations de la soie depuis sa naissance jusqu'à sa transformation en tissus, le moulinage, le dévidage, ourdissage, tissage, etc., études corroborées par la démonstration de séries de tissus de tous genres et de différens métiers et procédés mécaniques employés jusqu'à ce jour ; ce qui permettrait d'embrasser tous les modes d'exécution du travail et de mise en carte.

Une école ainsi organisée, et placée à côté de l'école des mines, où sont professées gratuitement la chimie, la mécanique et les mathématiques, remplirait sans doute les vues de M. Jovin-Bouchard dans l'intérêt de la classe ouvrière stéphanoise.

Au mois de mai, sous l'impression du legs fait par ce généreux citoyen le conseil municipal fut dissous et de nouvelles élections eurent lieu. Le nouveau conseil fut, comme le précédent, divisé en deux opinions sur l'application et les conséquences du legs fait à la ville par M. Jovin-Bouchard. Les uns voulaient s'en tenir à l'exécution littérale des conditions apposées à cette libéralité, les autres prétendaient que l'on ne devait pas se borner à l'emploi des sommes léguées, mais que la ville devrait en outre affecter et emprunter une somme bien plus considérable que le legs lui-même, pour compléter les fondations indiquées par le testateur. Quelques personnes prudentes ont pensé que si les intentions de M. Jovin-Bouchard avaient dû s'entendre dans ce dernier sens, il eut mieux valu refuser l'acceptation d'un legs, qui, sous une apparence de munificence, pouvait être funeste à la ville. Il est des dons qu'il faut avoir la sagesse de repousser.

. . . . *Timeo danaos et dona ferenter.*

VIRG.

Le 14 août, une grande crue, produite par des trombes, occasiona d'immenses dommages dans la ville et ses environs, le Furens arrêté à l'entrée des voûtes par des bois et des débris de toute espèce, déborda dans tout le quartier bas de la ville. Un courant très-fort s'établit dans les rues de Saint-Louis, de la Comédie et de Paris. Des personnes faillirent périr sur la place Royale et rue du Marché. Cet événement doit engager l'administration municipale à empêcher toute construction légère sur les bords de la rivière. L'encombrement du Furens sous les voûtes pourrait occasioner à la ville des maux incalculables.

Au mois de septembre, le musée des Beaux-Arts de Saint-Etienne s'est enrichi d'une collection d'oiseaux étrangers et d'objets d'histoire naturelle, envoyés par notre compatriote J.-L. Tabert, évêque d'Isauropolis, vicaire apostolique de Cochinchine, qui a également fait don, à la bibliothèque de notre ville, de son dictionnaire, regardé comme un chef-d'œuvre de savoir et de clarté (1).

La recherche des documens inédits, relatifs à l'histoire de France, se poursuit; M. J.-A. Couturier, juge de paix à Saint-Chamond, est chargé, par l'administration supérieure, de recueillir tout ce qui peut, dans notre arrondissement, faire partie de cette précieuse collection. Ce choix d'un écrivain correct et agréable, amant érudit de nos vieilles chroniques, a obtenu l'assentiment des personnes éclairées.

Au mois de novembre, M. Lanyer, ancien médecin distingué de notre ville, depuis attaché à Casimir Périer par sympathie et conviction, devenu maître des requêtes, puis conseiller d'Etat, est nommé membre de la chambre des députés. Il s'y fait remarquer par ses formes distinguées, par sa parole facile et agréable.

Au mois de décembre, on apprend avec plaisir à St-Etienne, que le buste du colonel Combes, mort au siége de Constantine, exécuté par l'un de nos célèbres sculpteurs, M. Foyatier, doit être placé à l'hôtel-de-ville de Feurs.

En 1838, M. Jayr, étant préfet à Montbrison, M. R. Deprandière a été nommé maire de Saint-Etienne. L'administration municipale fait faire des réparations

(1) Dictionarium anamitico-latinum (et latino-anamiticum) primus inceptum ab illustrissimo et reverendissimo P. J. Pigneaux, episcopo Adranensi, vicario apostolico Cocincinæ, etc.

Dein absolutum et editum à J. L. Tabert, episcopo Isauropolitano, vic. apost. Cocincinæ, Cambodiæ et Ciampæ, Asiæ. Soci. par. nec non Beng. socio honorario.

Fredericnagori, vulgò scrampore, ex typis J. C. Marshman. — 1838.

aux trottoirs. Elle opère d'utiles réformes dans le service des employés et soumet les agens subalternes à une mise décente qui ajoute du décorum à leurs fonctions. Elle fait un excellent règlement pour la circulation, au travers de la ville, des voitures chargées de longs bois ; elle fait continuer le régallage des places Marengo et de l'Hôtel-de-Ville, ce qui aurait pu avoir lieu sans détruire la fontaine monumentale qui décorait cette dernière, et que regretteront long-temps les amis des arts ; elle fait exécuter des décorations dans les appartemens supérieurs de l'hôtel-de-ville ; malheureusement les fonds employés en cette occasion eussent pu l'être d'une manière plus utile, ne fut-ce que pour l'établissement de paratonnerres sur les édifices publics.

Comment, en effet, s'expliquer ce luxe de dépenses dans un monument qui ne possède pas encore un horloge ; et lorsque sept années auparavant on refusait à un ingénieur aussi habile que désintéressé, les fonds nécessaires à l'établissement d'un cadran solaire (1).

L'emploi de la houille étant devenu d'un usage plus général, les concessions de mines ont été l'objet de nombreuses spéculations. Plusieurs ont été vendues à des prix très-élevés. Cette époque rappelle celle tristement célèbre du spéculateur Law. Généralement les habitans de Saint-Etienne partagent peu cette fièvre d'actions industrielles. Les achats sont opérés par des personnes étrangères aux connaissances minérales et à la

(1) Les monumens de ce genre qui existent à Saint-Etienne, et qui méritent l'attention, sont : celui de la manufacture d'armes, établi d'après les données de M. Villars, capitaine d'artillerie, et celui du chemin de fer de Lyon, à Bérard, qui porte pour latitude 45° 22.

localité. Une d'elles, recommandable par son nom et sa position sociale, ne pouvant remplir ses engagemens, a perdu tout à la fois l'honneur, la fortune et la vie.

Au mois d'avril, le nombre des juges a été augmenté, le tribunal a été définitivement constitué en deux chambres. M. Teyter est président de la première, et M. Bayon président de la seconde. M. Laroche-Bouchetal est procureur du roi depuis 1835, époque où il a remplacé M. Smith.

Cette amélioration avait été provoquée par les hommes les plus éclairés de l'arrondissement. Dès 1826, elle avait reçu un commencement d'exécution par l'établissement de la chambre temporaire. En 1831, elle avait été l'objet d'une notice pleine de faits et de motifs judicieux, publiée par M. Bethenod, juge-de-paix à Rive-de-Gier, et insérée au Bulletin de la Société Industrielle. En 1852, elle donna lieu à une pétition adressée à la chambre des députés par les avocats et les avoués réunis, tableau véridique de la situation judiciaire d'une ville où la combinaison d'une population pressée avec des intérêts nombreux, l'extrême division du territoire, la valeur des propriétés, la fréquence des mutations et des contrats, enfin le caractère exceptionnel et l'obscurité de la législation des mines (1) ont dû multiplier les procès et leur donner plus d'importance.

Au mois de septembre, une exposition publique de tableaux, produits des études locales, a lieu à Saint-

(1) Cette lacune doit être prochainement remplie : M. E. Peyret-Lallier s'occupe en ce moment d'un travail très-important qui aura pour but d'éclaircir les points les plus obscurs de cette législation. Il sera intitulé : *Traité en forme de commentaire sur la Législation des Mines.*

Etienne par les soins du professeur de l'école de cette ville, M. Soulary, auteur du tableau d'Ugolin, qui figure au musée de Lyon. C'est un stimulant pour les jeunes élèves qui doit produire de bons résultats.

Le 14 octobre, sous l'influence des partisans de l'administration alors en exercice, fut créée une nouvelle feuille, le *Journal de St-Etienne*, antagoniste redoutable du *Mercure Ségusien*. Le rédacteur, M. Béliard, feuilletoniste agréable, n'est point resté en arrière du mouvement intellectuel qui s'opère en province pour l'affranchissement du joug imposé par la presse parisienne. Ami des arts, des sciences et des lettres, il a compris toute l'étendue de sa mission. Au lieu de rebuter le pauvre artisan qui, à l'appel du maître, venait apporter sa pierre, quoique brute, pour la réédification de l'édifice, il l'a soutenu de sa plume, de son talent, et a cherché à faire germer les idées d'émancipations provinciales qui ont présidé à la rédaction de cet aperçu simple et incomplet, premières ébauches de l'histoire stéphanoise. Intelligence, industrie, littérature : tel est le cercle embrassé par ce journal qui, malheureusement a laissé percer quelque tendance au radicalisme jusqu'ici repoussé de cette cité manufacturière.

La presse stéphanoise se compose donc de deux journaux politiques, paraissant trois fois la semaine, et d'un bulletin agricole, littéraire et scientifique, publié par la *Société Industrielle* (1). Il serait à désirer qu'une

---

(1) Il existe encore à Saint-Etienne d'autres écrits périodiques, notamment l'*Indicateur Stéphanois*, feuille hebdomadaire, de nouvelles et d'annonces, dont la création remonte à 1855 ; l'*Ami des Ouvriers*, feuille également hebdomadaire, et qui a fait suite à l'*Observateur* radical, publié par M. A. Baune ; le *Domino*, bluette critique et littéraire paraissant à des intervalles indéterminés.

de ces feuilles devint quotidienne, afin de faire connaître les nouvelles de la capitale 24 heures avant les journaux de Paris, et les nouvelles du midi avant les journaux de Lyon; la position de Saint-Etienne et une correspondance particulière bien établie, pouvant facilement permettre ce résultat.

Dans le courant du mois d'octobre, une demande du plus haut intérêt pour nos fabriques a été adressée au gouvernement par la chambre de commerce : c'est celle d'un entrepôt de douane pour les marchandises étrangères, qui comprendrait un bureau de plombage, jadis existant dans notre ville. Le gouvernement est disposé à accueillir cette demande dans le cas où Saint-Etienne, soit par lui-même, soit au moyen d'une souscription, assurerait les frais nécessaires au service de cet établissement, appointemens des employés et loyers compris : cette condition n'a pas encore été remplie.

Un autre projet, également utile, reste à exécuter : c'est celui d'un entrepôt des liquides, qui préviendrait la fraude et assurerait la perception des droits d'octroi.

Au mois de novembre, une réforme a lieu à l'égard de la manufacture d'armes. Les anciens entrepreneurs, MM. Jovin frères, se retirent, abandonnant au gouvernement l'emplacement de la manufacture place Chavanelle, et l'usine des Rives, moyennant une indemnité fixée par des arbitres. La nouvelle entreprise est soumise à la concurrence au rabais. Elle est adjugée à MM. Brunon frères, dont la soumission produit une moyenne de 6 pour cent. C'est la cinquième mutation depuis 1764, époque de l'établissement d'une compagnie privilégiée d'entrepreneurs.

A la fin de cette année, l'administration municipale a présenté au conseil le programme des travaux projetés pour l'exécution des dispositions testamentaires de M. Jovin-Bouchard, ainsi qu'il suit :

	Portions désignées par le testateur.	Application.	Subvention.
Hôtel de préfecture..	100,000	100,000	500,000
Ecole primaire.	100,000	100,000	100,000
Nouveau collége.	100,000	100,000	200,000
Agrandissement de la place Badoulière.	55,000	55,000	—
Prolongement de la rue des Gaux. . .	50,000	50,000	—
Couverture du biez de la Badoulière. .	2,000	2,000	—
Prolongement de la rue de la Charité. .	25,000	—	—
Promenade des Ursules.	70,000	70,000	50,000
» de l'Heurton.	20,000	20,000	105,000
Salle de spectacle.	70,000	95,000	605,000
Total.	550,000	550,000	1540,000

Ces projets n'étant appuyés par aucun devis, plans ou estimation préalable, ne purent satisfaire l'opinion publique. Plusieurs voix s'élevèrent contr'eux dans le sein du conseil municipal. MM. Hip. Royet, Peyret-Lallier et Jarre exposèrent leurs opinions motivées, craignant avec raison que les projets ne devinssent contraires aux intérêts futurs de la cité.

Au mois d'avril 1859, à la suite d'une délibération du conseil municipal, qui, à la majorité de 20 voix contre 16, a voté la nomination d'une commission de cinq membres pour l'examen de tous ses projets, l'administration municipale donne sa démission. M. Vignat-Chovet, comme premier inscrit au tableau des conseillers municipaux, est appelé à remplir les fonctions de maire.

Au mois de septembre, une explosion terrible de gaz hydrogène a lieu dans un puits de mine dépendant de

14

la concession de Côte-Thiolière. 25 ouvriers périssent dans ce désastre attribué à l'imprudence d'un ouvrier qui, par un motif inconnu, aurait ouvert sa lampe de sûreté. Les événemens de ce genre, si souvent répétés, font sentir le besoin de prendre de nouvelles précautions, ainsi que celui d'établir des caisses de secours et de prévoyance pour les pauvres ouvriers mineurs et leurs familles.

Le 15 octobre, M. Brun-de-Villeret a été nommé président de la première chambre du tribunal civil, en remplacement de M. Teyter, décédé (1).

Dans le courant de cette année, nos églises ont reçu des embellissemens. Un tableau remarquable, œuvre de Monvoisin, et représentant la Passion, a été placé au-dessus de l'autel de la Vierge, dans l'église de Saint-Etienne ; des écussons curieux au monogramme de I. H. S., et d'autres représentant les anciennes corporations et confréries de cette ville ont été tirés de l'oubli. Une chapelle dédiée à Saint-François-Régis a été ornée par des sculpteurs de M. Fabisch. Un groupe, vrai chef-d'œuvre, dû au ciseau du même sculpteur, décore la chaire à prêcher de l'Eglise Notre-Dame, également restaurée cette année: des orgues placées dans cette dernière église ajoutent à la solennité du culte.

(1) Voici la composition du tribunal civil de notre arrondissement depuis la révolution :

Présidence.	Ministère public.
1790. — F.-A. Fromage.	— Laulanhier.
1793. — Claude Guérin.	— J.-B Lardon.
1807. — Claude Montelier.	»
1816. — Claude Teyter.	— Terme.
1830. — »	— Smith.
1835. — »	— Laroche-Bouchetal.
1839. — Brun-de-Villeret.	»

Au mois d'avril 1840, le collége communal de Saint-Etienne a été érigé en collége royal. M. Roger en est le proviseur. La création de cet établissement a été vue de différentes manières. Quelques personnes l'ont accueillie avec enthousiasme ; d'autres ont pensé avec raison que l'érection d'un collége royal serait un bienfait onéreux, si elle devait entraîner la ville dans des dépenses énormes qui seraient au-dessus de ses ressources.

A la suite des élections qui ont appelé au conseil municipal plusieurs membres nouveaux, M. Jovin-Deshayes a été nommé maire par ordonnance du 1er août. MM. Tézenas, J.-C. Peyret et Colard ont été nommés adjoints.

On doit espérer du caractère patient et conciliant de ces administrateurs, qu'ils parviendront à applanir les difficultés qui se sont élevées au sujet de l'application du legs de M. Jovin-Bouchard, et à opérer la fusion des opinions.

L'administration voudra sans doute doter la ville d'institutions bienfaisantes et d'établissemens utiles ; mais avant tout elle doit aviser aux moyens de fournir à ses habitans l'eau nécessaire à leurs besoins ; elle doit chercher à utiliser des eaux abondantes qui sont à notre portée et qui se perdent sans résultat.

Que l'on jette les yeux autour de soi, il est facile de reconnaître les efforts que faisaient nos ancêtres pour se procurer cet élément si indispensable. Non loin de St-Chamond, sur le versant nord de Pila, restent encore les traces de ces grands travaux opérés par les Romains pour procurer l'eau limpide de nos montagnes à une ville éloignée dont les pieds baignaient déjà dans deux grandes rivières. (1)

Déjà en 1689, par ordre de M. Berulle, intendant de la généralité de Lyon, et sur la demande des échevins de Saint-Etienne, M. Cusset, directeur de l'observatoire de Lyon, fit des recherches pour accroître les eaux de Furens. En cette occasion on ouvrit au travers du *Grand-Bois*, commune de St-Genest-Malifaux, un canal de dérivation des eaux de Semène. Ce biez, réparé en 1794 et 1815, fut entièrement abandonné par défaut d'entretien et à la suite du ralentissement des travaux de la manufacture d'armes de nos jours. Le projet de M. Blondat, ingénieur des ponts-et-chaussées, présenté par M. Peyret-Lallier; ceux de MM. Al-

(1) M. Hector Dulac de la Tour d'Aurec, dans son *Précis historique et statistique du département de la Loire,* dit qu'un aqueduc prenant naissance à Furens, conduisait ses eaux jusque dans le camp des Romains. Il ajoute que les travaux de Rochetaillée sont si surprenans, qu'on croirait que c'est la main du génie qui les a créés. Ces allégations appuyées du témoignage de Delamure, qui assure que ces aqueducs existaient encore de son temps, paraissent manquer de preuves matérielles. Aucun indice jusqu'ici ne peut faire présumer la dérivation de Furens. M. Penhouet et Philippe Flachéron pensent avec raison que les aqueducs dont on remarque encore des traces près d'Izieux, ne conduisaient que les eaux de Janon ou celles du Gier. La configuration du sol ne permet pas d'autres suppositions. Les ruines de Rochetaillée ne sont que les restes d'un château du moyen-âge.

C'est ici le cas de relever une erreur qui s'est glissée au commencement de cette notice, au sujet d'une charte de 1151, citée par le Laboureur, concernant la terre de Rochetaillée. Il ne faut pas confondre cette seigneurie faisant partie du Franc-Lyonnais, avec la baronnie du même nom, située dans le Forez. Quelques écrivains ont également confondu Saint-Priest-de-Furan, avec d'autres Saint-Priest qui se trouvent également dans le Forez. On ne saurait être trop en garde contre les ressemblances de noms.

phonse Peyret, Bergeron et Barault, témoignent assez l'intérêt qu'on attache à la question d'approvisionnement d'eaux. Espérons que de nouvelles études seront faites, et que l'administration municipale tiendra à honneur d'attacher son nom à la solution d'un travail si important.

Au mois de septembre, de grandes cérémonies religieuses ont lieu à Saint-Etienne, pendant le séjour qu'y a fait Mgr de Bonald, archevêque de Lyon. Le vénérable prélat a visité tous les établissemens pieux de notre ville, et a présidé à la consécration de deux églises succursales, St-Charles et Mentaud. La foule nombreuse accourue sur son passage, témoigne son respect pour le digne successeur du cardinal Fesch. Saint-Etienne n'avait pas eu de pareille solennité depuis la réception faite à Mgr de Montazet, en 1767; les tournées pastorales des évêques Primat et de Pins ayant eu peu de retentissement.

On souscrit avec empressement à Saint-Etienne pour venir au secours des pauvres riverains du Rhône et de la Saône, privés de toutes ressources à la suite de la terrible inondation des mois d'octobre et novembre. La compagnie du chemin de fer de Lyon obtient en cette occasion l'augmentation provisoire de son tarif. Il est à désirer que cette mesure si nécessaire au bien-être de cet établissement soit rendue définitive, afin de mettre cette compagnie à même d'apporter à son chemin les améliorations que le pays a droit d'attendre, et afin que sa prospérité engage la concurrence à créer de nouvelles voies de communication. L'abaissement du tarif aura lieu plus tard naturellement.

En 1841, l'administration municipale a fait un excellent règlement pour la propreté des rues. Les étrangers qui avaient jadis visité notre ville sont maintenant surpris de la retrouver aussi propre et aussi embellie. La place de l'Hôtel-de-Ville se décore d'une maison particulière d'un style élégant, construction qui paraît être plutôt un édifice public. Son portique, d'ordre composite, rappelle l'époque de la renaissance grecque. Une partie du premier étage sera le lieu de réunion des membres du cercle des Arts et du Commerce. D'autres quartiers de la ville s'embellissent également. La place Marengo voit s'élever une construction d'un style plus sévère ; c'est le comptoir de la succursale de la Banque de France. La place Saint-Charles et la rue Royale se garnissent de maisons plus ou moins élégantes.

Les différentes compagnies houillères du bassin de Saint-Etienne languissaient depuis quelque temps, par suite des grands frais opérés au début, et du bas-prix du combustible. Une association, sous le nom de *Compagnie Charbonnière,* s'est formée entre un grand nombre d'exploitans, à l'effet de régulariser la quantité et le prix des produits. Elle a donné pour résultat une hausse assez prononcée sur les prix, et par conséquent elle a amélioré le sort des différentes exploitations. Reste à savoir si le commerce en général en sera satisfait.

Cette année, plusieurs projets de voies de communication ont été élaborés. Les principaux sont : 1° un canal par M. Bergeron (dans le genre de celui qui existe à Valden-Moor, aux mines du duc de Bridge-Water), qui aurait pour but de lier la Loire au Rhône par une rigole souterraine prenant naissance au-dessus de Saint-

Victor, et pouvant servir au dessèchement des mines, ainsi qu'un canal horizontal entre Roche-la-Molière et le pont Nantin, près de St-Chamond ; 2° le chemin de fer de Sorbiers proposé par M. Alphonse Peyret, qui a pour but de relier les bassins du Treuil et de Méons, avec le canal de Givors ou le chemin de fer de Lyon près de Saint-Chamond, projet qui rappelle le tracé fait en 1857 par M. Rolland de Ravel. Divers mémoires ont été publiés à cette occasion, et des cartes explicatives ont donné les tracés de ces différens projets ; 5° les chemins de fer de Montrambert et du Quartier-Gaillard, proposés par MM. Brun et Gilet ; le premier se liant avec le chemin de fer de Lyon, et le second avec celui d'Andrézieux, l'un et l'autre ayant pour but de faciliter les riches exploitations de la Ricamarie et de Firminy. En attendant, divers embranchemens de mines se soudent aux voies principales, les deux plus importans sont le rail-way de Villars, d'environ 1,000 mètres, à petite section, et celui du Cluzel, de 6,000 mètres de voie ordinaire.

Le nombre des écrivains stéphanois s'est accru. M. A. Callet, jeune littérateur de la presse parisienne, est l'auteur d'une vie de Chatterton, qui précède les œuvres de ce poète, traduit par M. Javelin Pagnon. M. Lyonnet, ancien supérieur au petit séminaire de St-Jean, à Lyon, auteur de plusieurs traités de droit ecclésiastique, a terminé le premier volume de la vie du cardinal Fesch, œuvre qui promet des détails intéressans sur plusieurs faits concernant l'histoire de St-Etienne.

M. Godefin, géomètre en chef du cadastre, a publié une carte remarquable de l'arrondissement de Saint-

Etienne, et M. Lelong, ancien élève des mines, s'occupe d'un travail également interessant qui a pour objet la topographie superficielle de cette ville. Il doit en publier un plan d'après les cartes d'assemblage livrées à l'administration municipale.

Au mois de septembre a lieu, à Lyon, le grand congrès scientifique de France; la Société Industrielle de Saint-Etienne y envoie plusieurs de ses membres. M. Barthelemy, fils du préfet de la Loire, récemment nommé inspecteur des monumens historiques de ce département, est un des secrétaires désignés à la section d'histoire et d'archéologie.

L'industrie et le commerce ont pris cette année un nouveau développement. Toutes les branches de l'industrie locale ont été occupées. La population s'est accrue depuis le dernier recensement. Celui qui a eu lieu en 1841 a offert le résultat suivant : Saint-Etienne, *intrà muros*, 48,554 habitans ; 72,120 les deux cantons réunis. L'arrondissement entier a présenté le chiffre de 179,400 habitans. L'instruction et le bien-être semblent se répandre chaque jour davantage. L'ordre, l'économie et le travail ont contribué à la prospérité de cette ville ; les mêmes causes doivent l'accroître encore. Ne perdons pas de vue les enseignemens de l'histoire, c'est dans l'étude de ce qui a existé que l'on doit puiser les meilleures leçons pour le présent et l'avenir.

Plan

DE LA RIGOLE SOUTERRAINE
projetée

entre **St CHAMOND** et **St VICTOR** sur Loire

Canal horisontal à petites sections

ENTRE

St ETIENNE ET St CHAMOND

NORD

Tracé de la rigole souterraine prenant l'eau
de la Côte à la Forie du Grand Jean.

No 13. Les cotes indiquent les hauteurs au dessus du niveau de la mer
d'après les nivellements de Mr Beaunier.
Le plafond du Canal horizontal sera à la cote   445m.00
et celui de la Rigole à la cote   417.00

Chemins de fer vicinaux
Chemins de fer projetés
Canal horizontal
Puits d'extraction

Concessions.

4	Firminy et Roche-la-Molière
5	Mont Salson
6	Beaubrun
7	Villards
8	Chana
9	Quartier Gaillard
10	Du Cluzel
11	De la Perchia
12	Du Cros
13	De la Roche
14	De Méons
15	De Treuil

Projets présentés par Messieurs Richard Fréreal
Négocians à St Chamond et Mr Charles Bergeron
Ingénieur Civil pour mettre les Mines de St Etienne
en communication avec le Canal de Givors, suivant le
traité passé avec la Compagnie de ce Canal le 26
Février, 1841.

Echelle de 1 millimètre pour 25 toises.

	Concessions.
4	Firminy et Roche la Molière
5	Mont Salson
6	Beaubrun
7	Villars
8	Charin
9	Quartier Guillard
10	Du Chazel
11	De la Berchise
12	Du Crin
13	De la Roche
14	De Méons
15	Du Creual
16	De Bérard
17	De la Chazotte
18	De Chomey
19	De Sorbier
20	De Monteel
21	De Rorrise
22	De la Béraudière
23	De Villebœuf
24	De Demon
25	De Ronzy
26	De Carsonnoire
27	De Montrieu
28	De Côte Chevalier
20	St Chamond

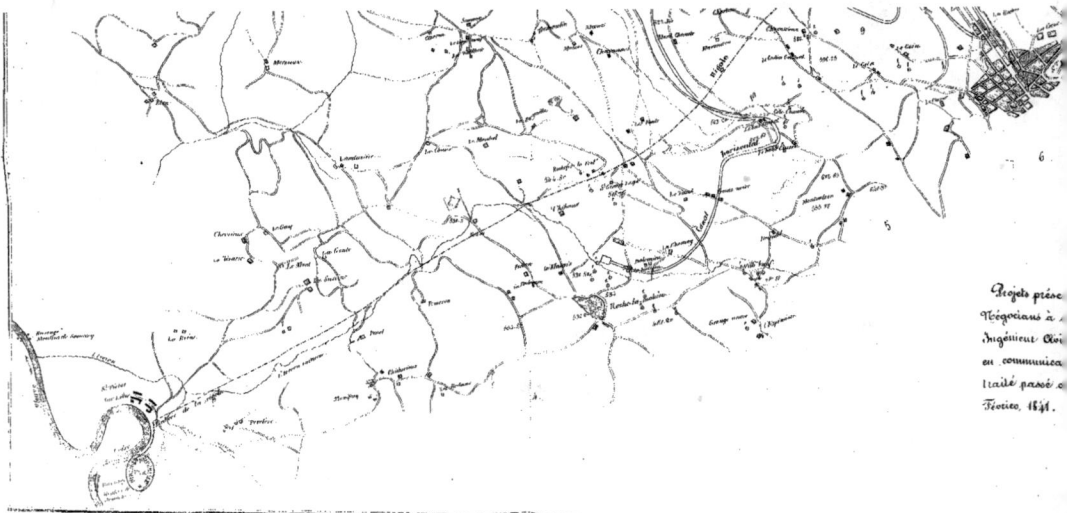

Projets prés...
Trégorrois à ...
Ingénieur Civi...
en communica...
traité passé e...
Février, 1841.

www.ingramcontent.com/pod-product-compliance
Lightning Source LLC
Chambersburg PA
CBHW071951090426
42740CB00011B/1898